*Al mio Compagno Francesco,
con profondo Amore ed autentica
gratitudine, per l'armonioso ed
avvolgente "colore" di cui ha
saputo far dono alla mia esistenza,
anche professionale, come Artista e
come uomo.*

Proprietà letteraria riservata

lulu

https://www.lulu.com

pr@lulu.com

© Nome Autore: Maddalena Risucci
I edizione: Novembre 2019

Anno del copyright: © 2019
Lingua: Italiano
Nazione: Italia

ISBN 978-0-244-23837-7

PAOLO BORGNA (P.M. A TORINO)

"Questi Avvocati sono i tessitori di quella fitta ma delicata ragnatela di cultura, amore per la giustizia e virtù repubblicane che costituiscono "l'ossatura di un Paese civile"; sono tessitori, a volte in prima fila, nel dibattito culturale."

LUDWIG VAN BEETHOVEN

"Raccontate ai vostri figli di essere virtuosi; perché soltanto la virtù può rendere felici, non certo il denaro."

BALTASAR GRACIÀN

"La passione tinge dei propri colori tutto ciò che tocca"

Maddalena Risucci

L' INTIMISMO DELL'AVVOCATO

RIFLESSIONI SUI PROFILI DELLA PROFESSIONE FORENSE IN DIFESA DELL'AVVOCATO E DI TUTTE LE PROFESSIONI LIBERALI

PREFAZIONE DELL'AUTRICE

Il testo di questa opera nasce dall'annotazione – nei primi anni solo memonica – *dei molteplici, complessi, delicatissimi, appassionati e tormentati profili della nobile Professione Forense, vissuta in una dimensione intimista, con chiare e diffuse connotazioni di natura psicologica* – e non solo – *in relazione* – in particolare – *al fragile ed articolato rapporto che intercorre tra Avvocato ed assistito* – nelle sue varie fasi – *ad iniziare dal suo insorgere, svilupparsi nel tempo e divenire negli eventi, sino a giungere alla conclusione dell'incarico conferito o, desolantemente, dei rapporti interpersonali i quali* – da contro – *possono però giungere ad allietare il cuore di un Avvocato sino a determinare momenti di infinito che rasentano il divino.*

La narrazione dei vissuti professionali e psicologici ha riguardo anche al relazionarsi con gli altri vari soggetti che affollano la trepidante vita professionale dell'Avvocato, e quindi Giudici e suoi ausiliari tutti, altri Avvocati e controparti, nonché Collaboratori e Praticanti all'esercizio della Professione Forense, anche negli intersecati ruoli di assistiti.

Non da ultimo, la raccolta dei pensieri, contemplati da questa modesta e comunque appassionata opera, esalta – come è doveroso che sia – *l'imprescindibile ed elevata funzione educativa e sociale connaturale all'esercizio della Professione Forense, e ciò tanto più per quegli Avvocati in cui alberghi un'anima particolarmente proba e generosa, quale viatico di autentica celebrazione di bellezza.*

Il titolo del libro contempla – fra le altre – *in particolare due parole, e precisamente* **"in difesa"**, *le quali racchiudono il senso ed il significato pregnante dell'intera opera e della stessa idea ispiratrice nello scriverla, vale a dire il dovere etico-morale, ancor prima che giuridico e non da ultimo sociale* (attesa l'incidenza nella collettività), *di difendere, oltre che la nobile Professione Forense* (o se si preferisce, tramite essa, consideratane la funzione), *tutte le Professioni liberali* (se non più diffusamente le Arti liberali tutte), *assurgendo così* – attraverso l'effettiva comprensione ed il tangibile rispetto della prestazione intellettuale di ogni singolo Professionista (e più compiutamente anche di ogni Artista) – *ad una società migliore, poiché più giusta, quale contributo volto ad evitare il biasimevole tributarsi del valore alla sola mera "materialità" delle cose, e non anche all'opera intellettuale del genere umano.*

Si confida che questo lavoro, molto sentito per la scrivente, possa contribuire a meglio disvelare e comprendere, ai più, profili della dimensione umana e più intima dell'anima, nella Professione Forense, che risultano poco divulgati e poco noti, e ciò anche al fine di favorire il miglior relazionarsi della persona e del ruolo dell'Avvocato – quale operatore di cultura – *con i diversi personaggi che animano la vita professionale dello stesso, il tutto a reciproco beneficio di ciascuno, oltre che a vantaggio della società nel suo complesso.*

Avv. Maddalena Risucci

PIERO CALAMANDREI:

"Gli Avvocati nel processo rappresentano la libertà, sono il simbolo vivente di quello che forse è il principio vitale delle democrazie moderne: che per arrivare alla giustizia bisogna passare attraverso la libertà"

"Sia benvenuta, l'Avvocatura: senza stile di studiata retorica, ma con stile di vita onesta; senza apostrofi e senza invettive, ma col coraggio di dire fino in fondo, con dignità e fermezza, tutto quello che occorre per far trionfare la giustizia"

"Nel processi, e specialmente in quelli penali, i fatti si adeguano alla misura intellettuale e morale del difensore"

"Giustizia vuol dire comprensione: ma la via più diretta per comprendere gli uomini è quella di avvicinarsi ad essi col sentimento"

"Coraggio civile è virtù ancor più rara della carità"

L'INTIMISMO DELL'AVVOCATO
RIFLESSIONI SUI PROFILI DELLA PROFESSIONE FORENSE
IN DIFESA DELL'AVVOCATO E DI TUTTE LE PROFESSIONI LIBERALI

1) L'invocata affermazione dei *"diritti"* è sempre ed ancor prima affermazione della *"dignità umana"* e – *di riflesso* – rispetto della collettività sociale a cui si appartiene, e nel contempo esercizio di civiltà, nonché perseguimento di quello che può definirsi *"umanesimo giuridico"*. In tal senso la Professione di Avvocato *"è un servizio a difesa della dignità dell'uomo"*.

2) La determinazione nel perseguire il riconoscimento dei propri diritti costituisce sempre, nel contempo, esercizio di un dovere anche sociale – *attesi gli inevitabili riflessi, nella collettività tutta, di ogni agire di ciascun individuo* – traducendosi, quindi, in affermazione di civiltà giuridica.

3) Il pieno riconoscimento dei diritti del singolo – *nell'ambito di un processo od in via stragiudiziale* – costituisce, nel contempo, sempre e comunque anche affermazione di *"una più ampia giustizia sociale"*, attesa l'inevitabile incidenza di ogni azione, di ciascuno, nelle fluttuanti acque della collettività tutta.

4) L'Avvocato deve essere ***"un autentico umanista"*** *(con spiccata apertura verso la Filosofia, da cui – del resto – il diritto discende, al pari dell'etica, della morale e della stessa Deontologia delle Professioni),* nella consapevolezza che l'elevata funzione della Professione Forense e della sua notevole ed estesa incidenza, in ogni aspetto della vita sociale, non possono renderla estranea ed indifferente alla ***funzione educativa*** che gli è propria.

5) Un Avvocato nell'esercizio della Professione Forense è, in qualche modo, un educatore *(in primo luogo verso il proprio cliente),* poiché il suo agire conduce al rispetto delle *"regole",* e non solo di quelle legali, ma non da meno delle regole di civiltà *(e quindi anche etiche e morali),* ed ancor prima di umanità verso il prossimo.

6) Se la *"cultura"* non eleva lo spirito al rispetto delle *"regole"* – quale principio primigenio a poter osservare le norme di diritto e del vivere civile – si riduce soltanto a mero groviglio di nozioni prive di illuminata incidenza sociale.

7) Quella dell'Avvocato è per definizione una Professione di soccorso verso il prossimo, non a caso il termine Avvocato deriva dal latino *"advocare"*, vale a dire *"chiamare presso"*. L'Avvocato è – *di fatto* – chiamato a lenire le sofferenze generate, nelle vite umane, dalla violazione di norme di diritto. In tal senso, quindi, l'Avvocato può essere definito *"una sorta di sanitario"* che concorre alla salubrità interiore dei propri assistiti, contribuendo, così, anche a determinare oggettivi riflessi positivi nella salute psichica e somatica delle persone, tanto più quando il suo operato pone particolare riguardo anche all'aspetto psicologico dei propri assistiti.

8) Un Avvocato è tale quando esige il rispetto delle regole anche quando queste siano sfavorevoli al proprio assistito, pur avendo la consapevolezza che vi sono anche Avvocati che si relazionano diversamente.

9) Nella Professione Forense alberga la celebrazione dei diritti e della dignità dei propri assistiti, nell'imprescindibile rispetto dei diritti e della dignità dello stesso Avvocato, il tutto all'insegna dell'armoniosa reciprocità, e guai quando così non fosse, poiché in tal caso sorgono dannosissime problematiche relazionali che consigliano di cessare ogni rapporto.

10) Ogni agire professionale dell'Avvocato deve essere accompagnato dall'orgoglio per l'alta funzione sociale che egli ricopre nel celebrare diritti e dignità dei propri assistiti.

11) L'Avvocato, nel momento in cui esercita la propria Professione – *quale vera e propria arte liberale* – afferma per ciò stesso la *"forza"* della *"cultura"* e, suo tramite, del diritto, il quale è tanto più elevato quanto più alto è il livello culturale, civile, etico e morale, e non ultimo democratico della società che lo esprime.

12) L'Avvocato è – *prima ancora che operatore del diritto* – un persuasivo operatore culturale, oltre che veicolo di probità.

13) La Professione Forense – che è una radicale "scelta di vita" – *"deve"* essere viatico di moralità, etica, passione civile ed imprescindibile umanità, con ferma e determinata capacità, dell'Avvocato che la esercita, di saper richiamare il proprio assistito al rispetto di tali *"ineludibili"* principi e sentimenti di ogni sana società, e che per ciò stesso devono accompagnare l'interpretazione del diritto. In questa ottica il Maestro

Piero Calamandrei scrive: *"Credo ... che sia ufficio nobilissimo dell'Avvocato proprio quello di richiamare il cliente prima alla questione di moralità che a quella di diritto: e di fargli intendere che gli articoli dei codici non sono comodi paraventi fabbricati per nasconder brutture"*.

14) L'affermazione dei diritti del proprio assistito, intesa come riconoscimento della verità reale – *e non meramente processuale* – equivale ad affermazione piena della funzione propria dell'Avvocatura, quale momento più alto del nobile esercizio della Professione Forense e della sua imprescindibile funzione sociale.

15) L'Avvocato è innervato nella struttura sociale cui appartiene, rappresentando – per ciò stesso – *"l'occhio del mondo"*, un autentico *"mediatore sociale"*, un *"sociologo sul campo"*, un *"partigiano del proprio assistito"*, ma ancor prima *"paladino e sentinella del diritto"*. Per essere tale l'Avvocato deve essere imprescindibilmente *"probo"*, ma non da meno *"impavido"*, dovendo essere dotato, ogni suo agire professionale, di salda e fiera sicurezza di azione, dopo aver prontamente ed acutamente meditato.

16) L'Avvocato è il più "immediato" ed "autentico" "interprete" della norma scritta, poiché è il primo – *rispetto al Giudice* – a doverla individuare oculatamente, assumendo su di sé il sentire e le aspettative del proprio assistito, nonché il mutevole divenire nel tempo della consuetudine, quale fonte primigenia del diritto *(anche se* – a parere di chi scrive – *l'ermeneutica costituisce essa stessa, a sua volta, fonte della medesima consuetudine, nel momento in cui quest'ultima si consolida nel tessuto sociale, proprio in ragione del modo di interpretare la conoscenza dei molteplici aspetti della vita e della realtà, e quindi di relazionarsi con essi, fermo restando l'ineludibile successiva attività interpretativa della norma scritta, quale risultante della conclamata consuetudine resa diritto)*, realizzando così – *fattivamente* – la formazione, anche innovativa, del ***"diritto vivente"***, e quanto più questi riesca in tale sua opera, tanto più assurge ad una dimensione quasi *"apostolica"* della sua funzione. In tal senso l'Avvocato è indiscusso operatore culturale e non da meno sociale, e quindi *"custode"* del diritto, tanto che l'Avvocato assume la difesa del diritto anche quando lo Stato arriva persino a *"processare se stesso"*.

17) Il vero Avvocato vive con <u>*"misticismo"*</u> il credo della legge, che vede come un <u>*"nume"*</u>. Egli è un fervido ed appassionato credente del diritto, è animato dalla fede della sacralità della giustizia, sia pur nella consapevolezza della fallibilità e delle debolezze di chi l'amministra. Non a caso inizialmente *(esulando dai giuristi dell'antica Roma)* gli ecclesiastici furono i soli Avvocati, anche perché in seguito alle invasioni barbariche ed alla caduta dell'impero romano, con conseguente imbarbarimento generale, tutti coloro che si dedicarono al "sapere" appartenevano all'ambito religioso, atteso che la cultura in genere, la scienza e la filosofia – *ivi compreso lo studio del diritto* – trovarono rifugio in conventi, abbazie e monasteri dei diversi ordini religiosi in cui si svolgeva rigorosa vita di studio.

18) La vita professionale dell'autentico Avvocato trascorre nell'incessante inquietudine dell'annosa ricerca della verità processuale che ricalchi quella del vissuto reale degli accadimenti che generano la controversia.

19) La posizione dell'Avvocato è equiparabile a quella dell'imprenditore, nell'audacia, il coraggio, lo slancio di assumere su di sé l'incertezza, il rischio, *"l'alea"* del risultato *(pur trattandosi, nel caso dell'Avvocato, di obbligazione di mezzi e non di risultato)*. L'Avvocato resta però sempre e comunque un professionista intellettuale *(rispetto a logiche e dinamiche mercantili, o comunque mercificanti)* in cui prevale necessariamente il carattere "intellettuale" – *appunto* – della sua opera, quale è la prestazione professionale, rispetto a capitale ed organizzazione delle altre risorse, qualificabili come profili più autenticamente propri dell'attività imprenditoriale. Non a caso il conferimento dell'incarico è giuridicamente definito contratto d'opera intellettuale. Mentre l'impresa prevede, quindi, un'attività economica organizzata tramite un'azienda, quella dell'Avvocato, anche se si avvale inevitabilmente di un'organizzazione, resta comunque un'attività prevalentemente ed essenzialmente intellettuale, caratterizzata da ***"autonomia"*** ed ***"indipendenza intellettuale"***, appunto, scaturente dalla intima consapevolezza della elevata funzione che la società delega all'Avvocatura, quale viatico necessario alla giurisprudenza e, quindi, alla formazione del diritto vivente, attesa la specialità della funzione difensiva.

20) La società ed il singolo individuo devono adoperarsi tutti, ciascuno per la propria parte di spettanza – *e per loro stessa reciproca tutela* – a che il ruolo e la funzione dell'Avvocato vengano ad essere sottratti da logiche *"mercificanti"* delle Professioni, arginandosi così una deriva esasperatamente e pericolosamente *"mercantile"* della Professione Forense, che ne snaturata la sua stessa essenza.

21) Il concetto di *"dovere di indipendenza degli Avvocati"* implica la necessità di atteggiamenti sobri, asettici ed equidistanti, con riguardo a poteri, istituzioni e chiunque tenti, in qualsiasi modo, di coartare la libertà professionale, essendo indiscusso che l'indipendenza dell'Avvocato può subire frequenti minacce, e ciò tanto più in un'epoca di diffuso clientelismo che troppo spesso premia la logica compromissoria, a palese, mortificante ed intollerabile discapito di preparazione, competenza e dignità professionale.

22) Vi sono processi in cui un'adeguata difesa *(ben lungi dalla supina mestizia)* non può prescindere da una coraggiosa – *e tuttavia sempre misurata* – veemenza

dettata dal più fervido orgoglio dell'*"autentico"* Professionista, vale a dire casi in cui è moralmente giusto e doveroso che le difese dell'Avvocato diventino portavoce non soltanto della sofferenza individuale, ma anche interprete della critica sociale.

23) Per poche Professioni, così come per la Professione Forense *(esulando da psichiatri e psicologi)*, è possibile accedere – *potenzialmente* – ad ogni sfera della vita sociale delle persone, oltre che alla dimensione più intima delle stesse, tanto che in un lontano passato *l'Avvocato* veniva paragonato *"all'Artista"*, attribuendogli con ciò la virtù di saper scoprire e rivelare gli aspetti più reconditi della verità, e quindi la capacità di cogliere gli elementi più significativi della realtà che possono sfuggire agli occhi superficiali dei più.

24) Ogni passaggio dell'attività Forense non può mai prescindere da un'attenta analisi di carattere psicologico, con riguardo a tutti i molteplici personaggi di contorno alla Professione di Avvocato, a cominciare, in primo luogo su ogni altri – *e di misura* –, dalla figura del proprio assistito.

25) Fra tutti i personaggi che affollano la *"complessa"* vita professionale dell'Avvocato, i clienti dello stesso sono coloro che più di ogni altri possono arrivare a provocargli profonda ed inconsolabile amarezza, se non anche profili di potenziale instabilità psicologica, ma da contro, quei clienti intellettualmente onesti sono capaci di generare, nella vita del loro Avvocato, momenti di infinito che rasentano il divino.

26) Un vero Avvocato, per essere tale, è doveroso che sia anche un acuto psicoanalista, anche perché ove non lo fosse rischierebbe di mettere a serio repentaglio la propria sanità mentale, considerate le tante e complesse sofferenze di cui si onera, a cominciare dalle struggenti ambasce dei propri assistiti. In tal senso sarebbe più che opportuno che gli Avvocati si dedicassero anche ad adeguate letture di orientamento psicologico *(meglio ancora se previste già dal piano di studi universitari, quanto meno con riguardo a coloro che intendono intraprendere la Professione Forense, tanto più relativamente alle controversie, sempre complesse e fluide, afferenti le realtà familiari, pur se* – invero – *tali letture sarebbero più che auspicabili anche per coloro che siano orientati verso la Magistratura, al fine di meglio comprendere se stessi, nell'atto di decidere, attesa l'estrema incidenza, anche sociale, delle loro statuizioni).*

27) I clienti degli Avvocati sono quasi sempre tutt'altro che sinceri e spontanei, e come tali ingannano non raramente *in primis* il proprio Avvocato *(onde pervenire, suo tramite, ad ingannare il Giudice)*, ed in aggiunta esigono spesso persino che, in tale condotta mistificatoria, l'Avvocato reagisca con compiacente tacito consenso, nel non appalesare loro incongruenze e contraddizioni in quanto dicono e fanno, per il caso affidatogli, e se da contro le si evidenziano, loro non solo non fanno ammenda quasi mai di tali condotte, ma anzi, da quel momento si rivelano – *paradossalmente* – quasi sempre quali acerrimi nemici del loro stesso Avvocato, e men che mai gli saranno riconoscenti per i risultati professionali ottenuti, anche se notevoli ed insperati.

28) Tra l'Avvocato ed il proprio cliente – *esattamente nel mezzo* – ancor prima di ogni altro soggetto del processo con cui relazionarsi, vi è la ***"verità"***: quella fedelmente narrata dal cliente limpido ed intellettualmente onesto, la quale rende il rapporto umano fluido e *"leggiadro"*;

da contro, vi è la verità oscurata, taciuta, deliberatamente mistificata, la quale rende il rapporto professionale *(a cominciare da quello interpersonale)*, un peso spesso anche umanamente insostenibile, se non quasi surreale. La verità, in tal caso, invece di essere viatico di intesa e di unione delle reciproche forze, tra Professionista e cliente, per l'accertamento del diritto, diviene da contro elemento di discordia che separa, divide ed incrina inesorabilmente i rapporti, divenendo così la scriminante nel rapporto stesso, oltre che nel processo.

29) L'Avvocato – *che incarna lo spirito più profondo della Professione Forense* – ove abbia l'acutezza di cogliere le incongruenze nella narrazione dei fatti del proprio cliente, circa la vertenza dello stesso, deve avere l'orgoglio, oltre che l'onestà intellettuale, di appalesarle prontamente al proprio assistito, quale veicolo volto non soltanto a far emergere la verità – *ove riesca in tale intento* – ma anche a chiarire, al medesimo cliente, che l'Avvocato a cui si è rivolto è un Professionista che non si presta alla menzogna *(per compiacere il cliente ed averne profitto per quella vertenza ed altri eventuali futuri incarichi dello stesso*

assistito o di altri da questi indirizzati, e ciò malgrado quell'Avvocato viva onestamente di quei pochi incarichi ricevuti), senza tralasciare, peraltro, che affermare la verità sino in fondo può porre il Professionista nella condizione di attenuare il danno, del proprio assistito, oltre che prevenirne di ulteriori, nonché – *ancor prima* – di poter cogliere, dalla verità della narrazione, eventuali profili di diritto *(evidentemente ignoti al cliente)* dai quali potrebbe scaturire, da contro, persino la ragione giuridica del proprio assistito.

30) Se un Avvocato non ha la capacità e la fermezza di cercare la verità vera, dal proprio cliente, rischia di diventare vittima ed ancor peggio complice delle sue menzogne, e quindi artefice di ingiustizia. Ove invece cerchi la verità e riesca a trovarla, di certo quell'Avvocato ha compiuto uno dei passaggi decisivi verso l'affermazione della giustizia, sia pur nella consapevolezza che molti altri ce ne vorranno, nel processo, per giungere poi al riconoscimento del diritto.

31) Un Avvocato vero vive radicalmente il senso della sua Professione, e per ciò stesso esplica con integerrima integrità le sue difese, anche al di là *"dell'inettitudine"*

del proprio cliente e, se possibile, con ancor maggiore irreprensibile fermezza, a fronte delle aberrazioni comportamentali dello stesso assistito verso il proprio Avvocato, elevando così al suo maggior rango l'alta funzione sociale ed educativa della nobile Professione Forense.

32) Un Avvocato, di elevato livello morale e professionale, è colui che fa la differenza nel processo e nelle attività stragiudiziali, non solo rispetto alle difese tecniche da lui approntate, ma non da meno con riguardo allo stile nel porsi e relazionarsi con tutti i personaggi che ruotano intorno all'attività da lui svolta.

33) Il vero Avvocato deve saper fare di ogni caso, da lui trattato, uno scrigno incastonato di certosina e caparbia analisi di ogni dettaglio, animato dell'imprescindibile *"humanitas"* capace di dare corpo – *e quindi evidenza giuridica* – alla sofferenza del proprio assistito, differenziandosi così – *ed anche per questo* – da un mero e freddo operatore commerciale.

34) Un Avvocato, che è intimamente tale, si onera della "sofferenza" del proprio assistito, ma nel contempo si grava della responsabilità di poterla lenire, meglio

ancora sanare, o da contro accrescerla ancor più, irrimediabilmente.

35) Un Avvocato, che è tale nel profondo del suo animo, vive con il diritto un rapporto talmente intenso che potrebbe definirsi quasi *"carnale"*, *"simbiotico"*, lasciando così cogliere – *in scritti e parole spesi a difesa del proprio assistito* – il respiro dello *"spirito"* dello stesso Professionista che – *quanto più radicale ed innovativo* – si rivela ed oggettivizza nella realtà sociale contribuendo, per tal via, a forgiarla.

36) La prestazione professionale dell'Avvocato si fonda, imprescindibilmente, ***sull'intuitu personae***, e quindi su *"quell'unicum"* – proprio di ogni professionista – quale risultante del vissuto individuale: *e per formazione personale, culturale e, ancor prima, per struttura caratteriale.*

37) Un Avvocato non è mai equivalente ad un altro, e quando i clienti ritengono invece che gli Avvocati si equivalgano tra loro essi si limitano, in realtà, a parificare un Professionista ad un inanimato prodotto commerciale nel quale non vi è differenza alcuna a parità di prezzo.

38) L'Avvocato è colui che avvalendosi degli elementi fattuali – *esenti da mistificazioni* – e della propria competenza e personalità rende – *rispetto ad altro Avvocato* – di fatto più *"vera"* la realtà storica nel processo, facendola riconoscere come tale al Giudice, ed operando così la differenza, ai fini della "giustizia", oltre che nella vita del proprio assistito.

39) Proprio in ragione *dell'intuitu personae,* l'attività di uno scrupoloso Avvocato è equiparabile a quella di un meticoloso, certosino ed appassionato *"artigiano"* che imprime, la propria *"anima",* su ogni sua singola opera e che, per ciò stesso, si connota essere oggettivamente irripetibile.

40) Nella Professione Forense – *oltre a rigorosa preparazione, acuta analisi, salda determinazione e prontezza* – spesso è proprio la fervida e comunque equilibrata *"creatività"* *(vale a dire una delle più alte qualità umane)* di un Avvocato, rispetto ad altri, a fare la differenza – *e ciò anche ai fini dell'innovazione giurisprudenziale* – poiché una tale dote permette di guardare oltre l'evidenza e l'ovvietà, considerato che, la sapiente combinazione di capacità creativa, spirito di osservazione ed analisi dotta genera la propulsione verso il dispiegarsi di nuovi orizzonti, in ogni ambito dello scibile umano.

41) Indubbiamente un Avvocato deve avere un'accurata conoscenza del diritto, saperne individuare le norme che meglio si attagliano al caso trattato, saperle interpretare ed applicare efficacemente, ma non da meno deve avere una grande ragionevolezza ed onestà intellettuale nel saper evitare l'acuirsi della conflittualità, oltre che l'abilità e determinazione nel porvi fine anche ed ancor prima al di fuori delle aule dei Tribunali, assurgendo per tal via al decisivo ruolo di *"mediatore – giudicante"* che realizza la miglior tutela possibile per il proprio assistito, tenuto conto che la lite giudiziaria provoca sempre sofferenza ed incertezze per il cliente, ma non da meno – *se non in primis* – per il medesimo Avvocato, considerato che quest'ultimo si onera della sofferenza del proprio assistito ed altresì di quella sua propria in relazione al cliente.

42) Una dote non secondaria del vero Avvocato – e che fa la differenza per l'assistito – è data dalla *"forza e la determinazione nel coraggio"*, a fronte di più o meno celati abusi di Giudici alla deriva dalla legge e da altri

imperativi del vivere civile, onde affermare non solo il diritto del proprio assistito, ma nel contempo la retta via della legalità, ed ancor prima delle regole, nel rispetto del più ampio interesse della collettività sociale.

43) Non raramente, quando il criterio di scelta del proprio Avvocato è operato soltanto o quasi esclusivamente sulla base del minor costo, in realtà l'assistito si "limita" a cercare da chi farsi rappresentare, più che da chi essere assistito e quindi effettivamente tutelato.

44) Considerato che le prevalenti caratteristiche proprie della gran parte degli esseri umani – *con rare eccezioni* – sono rappresentate dall' ***"avidità"*** e dalla ***"grettezza"***, ove queste vengano a concentrarsi nella persona assistita dall'Avvocato, il malcapitato Professionista andrà incontro a certo detrimento dell'animo, oltre che a più che probabile depauperamento economico.

45) Quali e quanti sotterfugi ed inganni – *spesso inimmaginabili* – sono capaci di porre in essere un certo tipo di clienti, nei confronti del proprio Avvocato, per cercare di eludere incontri, confronti, chiarezza ed adempimento di oneri ed obblighi di ogni sorta, verso il proprio Avvocato, ed in particolare per sottrarsi dalla

corresponsione dei compensi professionali dovuti, oltre che al dovere di trasparenza sui fatti che originano la controversia, quali accadimenti di cui se ne riportano soltanto alcuni, o meglio quelli – *tra i numerosi* – che in tale frangente si rammentano.

- *Persone che usufruiscono di consulenze anche di più ore ed anche a fronte della disamina di più documenti, senza poi rendere, all'Avvocato, neppure un grazie e tanto meno chiedergli quale sia il compenso "dovuto",* a nulla rilevando (essendo anzi più mortificante) *che le si conosca da poco o lungo tempo, e che, ancor peggio, si relazionino in tal modo malgrado abbiano consapevolezza che quell'Avvocato vive unicamente della propria Professione.*

- *Clienti che, all'insaputa del proprio Avvocato, nel momento per loro più opportuno, dopo aver usufruito proficuamente della professionalità del loro difensore, si accordano con l'avversa parte* (spesso con la compiacenza dell'altro Avvocato che rischierebbe la soccombenza), *senza poi darne nemmeno comunicazione al proprio Avvocato, ed anzi revocandogli inaspettatamente il mandato, ed in aggiunta* – non raramente – *senza nemmeno saldare l'attività professionale svolta sin a quel momento, il tutto* – peraltro – *senza poter accedere a tutte quelle tutele che, in una transazione, possono essere garantite soltanto dal proprio difensore.*

- *Cliente* (peraltro legata da rapporto di parentela acquisita) *che dopo aver promesso all'Avvocato che se fosse riuscito a far ottenere l'indennità per la perdita di un figlio durante la leva militare, sarebbe poi stata riconoscente, non seguì invece, nonostante l'esito positivo, nessunissimo compenso ed un solo grazie* – peraltro soltanto dopo molti anni – *e comunque solo in vista della richiesta di consulenza per altro figlio della stessa, il quale si recava da regione molto lontana per ricevere appunto la consulenza, che ottenne, ma anche questa volta senza corrispondere alcun compenso, ma con la promessa, mai mantenuta, che poi vi avrebbe provveduto, e senza neppure manifestare riconoscenza quantomeno con una telefonata in ricorrenza delle maggiori festività. In effetti, dopo molti anni vi fu altra telefonata di quest'ultima persona, ma solo per chiedere altra consulenza, quale istanza per la quale vi fu il fermo rifiuto dell'Avvocato, a dir poco più che doveroso, e per la propria dignità personale e per imprescindibile rispetto del ruolo professionale.*

- *Cliente che nonostante avesse riottenuto il possesso di una proprietà che aveva di fatto perduto* (e di cui più che difficilmente si sarebbe potuto riappropriare), *si dileguava nel nulla e non saldava buona parte del compenso dovuto all'Avvocato* (e ciò malgrado le avversioni, o meglio vere e proprie omissioni poste in essere dall'Ufficiale Giudiziario nell'eseguire il provvedimento di rilascio).

- *Cliente* (peraltro congiunta collaterale) *che* – nonostante l'assistenza ricevuta per la compravendita di due immobili, uno alienato e l'altro acquistato, con redazione peraltro di contratto preliminare ad opera dell'Avvocato, che portava poi al regolare trasferimento della proprietà senza alcun impedimento – *tentava poi subdolamente di sottrarsi al suo dovere di corrispondere anche solo un minimo compenso per l'attività professionale di cui si era avvalsa, pur avendo rappresentato all'Avvocato, all'atto dell'incarico, che voleva retribuire quelle prestazioni, ed in tal senso accettato dal Professionista, precisandosi, peraltro, che gli onorari erano stati richiesti in una misura estremante contenuta, rispetto alle Tariffe all'epoca vigenti.*

- *Cliente* (peraltro congiunto collaterale), *che dopo aver ottenuto l'archiviazione in fase di indagini, come indagato* – eludendosi così l'aggravio del processo – *ciò dopo l'inoltro di missiva al querelante ad opera dell'Avvocato, nonché dopo aver* – sempre l'Avvocato – *conferito con il P.M., in seguito all'invio di lettera informativa al cliente, della più che positiva definizione del caso, questi* – ciò malgrado – *non ha poi mai cercato il proprio Avvocato per dire anche solo un grazie o comunque per chiedere se fosse dovuto un compenso* – che era senz'altro dovuto –, *e dopo infiniti anni, avendo quell'Avvocato subìto* – ciò malgrado – *anche la freddezza ed il distacco di quel trascorso cliente, decideva quindi di contattarlo telefonicamente, dicendogli di volerlo incontrare a Studio affinché ritirasse copia degli atti, essendo tutto definito da moltissimi anni, ed aggiungendo di non volere nulla, atteso il lungo tempo trascorso e l'indifferenza manifestata, quale richiesta che lasciava l'interlocutore a dir poco perplesso, che poi rispondeva, letteralmente: "mo sto impicciato, po vedo e te chiamo".* A tutt'oggi sono passati *circa sei mesi* (dopo gli infiniti anni precedentemente trascorsi), *e ciò malgrado senza che quella chiamata giungesse mai. Ma quell'Avvocato ha poi richiamato più e più volte sul cellulare (regolarmente funzionate) e, dopo tante vane telefonate, rispondeva che avrebbe richiamato tre giorni dopo, senza che ciò avvenisse e senza che rispondesse nonostante i successivi, ulteriori numerosi e vani tentativi dell'Avvocato nel telefonargli. In definitiva, le condotte tenute da quella persona, eclatantemente false, codarde e disoneste, incarnano l'immagine tipo del cliente con cui mai nessun Professionista dovrebbe relazionarsi.*

- *Cliente che arriva a minacciare di sporgere Esposto disciplinare e persino Denuncia penale, quali atti ritorsivi per aver l'Avvocato paventato la volontà di voler rinunciare a rappresentarla, come poi avvenuto, ed a cui facevano poi seguito, in concreto, Esposto e Denuncia, con l'aggiunta del mancato residuo adempimento all'obbligazione verso quello stesso Avvocato, e ciò nonostante gli oggettivi risultati positivi conseguiti nelle due complesse controversie affidategli, relativamente alla promessa compravendita scritta di due immobili non sanati, con l'aggravio del concesso possesso anticipato dei medesimi immobili.*

- *Cliente* (peraltro congiunta acquisita), *che nonostante i diversi giudizi civili ed i diversi gradi patrocinati, definiti tutti con esito positivo* (malgrado le sconcertanti frapposizioni affrontate, in particolare, per l'esecuzione coattiva del provvedimento), *e nonostante si fosse ottenuta soddisfazione per l'intero credito, ivi comprese le spese legali tutte, relativamente peraltro ad una controparte non molto solvibile, ne seguì, ciò malgrado, l'inspiegabile distacco ed allontanamento di quella cliente, la quale peraltro, per l'intero corso dei vari giudizi e gradi affrontati da quell'Avvocato, non aveva corrisposto assolutamente nulla, con liquidazione del compenso all'Avvocato avvenuta alla fine e soltanto a fronte dei pagamenti effettuati da controparte.*

- *Cliente che si risentiva oltre ogni misura e di certo irragionevolmente, per averle fatto ottenere il rimborso ratizzato delle spese legali, nella sua interezza, a fronte di una sicura impossibilità di recupero coattivo* (peraltro con l'aggravio di spese), *ed in aggiunta dopo aver seguito più vertenze nell'arco di molti anni, per quella stessa cliente, tutte conclusesi con esito favorevole. Quel risentimento della cliente, malgrado l'indiscussa evidenza della sua irrazionalità ed illegittimità, provocava poi anche la cessazione di ogni rapporto, pur se anni prima quell'Avvocato era stato destinatario di un ingiusto Esposto disciplinare ad opera della controparte di altro giudizio* (in cui si era dovuto difendere con proprio onere), *quale ritorsione per non aver accettato la sconfitta.*

- *Cliente* (del quale non si era molto persuasi di accettarne il mandato) *che si recava a Studio per conferire l'incarico soltanto tre giorni prima dell'udienza* (giungendo da luogo decisamente lontano e senza esservi conoscenza), *a fronte di un giudizio pendente da anni* (e quindi con l'ulteriore aggravio di doversi studiare anche quanto occorso nel processo), *avendo così a disposizione, di fatto, un solo giorno per la disamina, essendo inevitabile partire il giorno prima dell'udienza, stante la notevole distanza del diverso Foro, e per giunta tentando, quel cliente, anche di non corrispondere nulla dopo aver conferito l'incarico, e per attività professionale e per esborsi di trasferta. Da ultimo, una volta definito in primo grado il più importante dei vari giudizi seguiti per quel cliente, il medesimo arrivava persino ad inoltrare Esposto disciplinare verso il proprio Avvocato, al fine di ottenere la permanenza nell'incarico, anche per il successivo grado di appello, e comunque per eludere il saldo dei compensi residui* (ciò dopo che quell'Avvocato aveva inoltrato più Esposti contro più Giudici intervenuti nei vari giudizi riguardanti quel cliente).

Vi è anche cliente che, malgrado se ne abbia avuto la rappresentanza da anni, conferisce un nuovo incarico soltanto la sera di due giorni prima dell'udienza, avendo così a disposizione soltanto il tardo pomeriggio dell'indomani, nonché la notte per redigere le dovute difese per l'udienza del giorno ancora seguente, peraltro in diverso Foro, il tutto senza nulla corrispondere, ciò in quanto quella cliente aveva peregrinato, di Studio in Studio, alla ricerca del minor costo possibile (avendo anche fatto fare, frettolosamente e vanamente, un'infinità di copie all'Avvocato che già l'assisteva per altre precedenti vertenze) *e, non avendo trovato convenienza economica o di affidabilità, attribuiva quindi il mandato molto tardivamente, con grande egoismo, ben sapendo che quell'Avvocato, che già l'aveva assistita con buon esito per altri giudizi, avrebbe comunque fatto l'impossibile* – come fece – *anche se con sconfinato sacrificio anche fisico.*

- *Cliente che* – nonostante avesse ottenuto, nell'ambito di un giudizio di divisione ereditaria, il riconoscimento della usucapione del bene immobile in cui già viveva, e da contro il rigetto dell'usucapione richiesta da uno dei di lui fratelli, ed altresì l'annullamento della donazione di immobile per lo stesso fratello, ed il riconoscimento alle somme bancarie, nonché persino la condanna alle spese legali (il tutto dopo aver conseguito l'esito positivo già in altri precedenti giudizi civili e penali, peraltro con assoluzione piena a fronte di conclamato abuso edilizio) – *arrivava a dire all'Avvocato, dopo la sentenza che accoglieva tutte le sue non indifferenti richieste, letteralmente: "e che cosa ho ottenuto?", rifuggendo peraltro anche dal saldo delle spettanze professionali ancora dovute; ciò –* peraltro *– dopo aver assistito anche la di lui moglie per altro giudizio, la quale, nonostante l'esito pienamente positivo riportato, non corrispondeva nessun compenso ed usciva dallo studio persino offendendo quell'Avvocato* (al solo e chiaro fine di tentare – *vanamente* – di giustificare "l'ingiustificabile" inadempimento ai propri obblighi), *a fronte di tutto quanto oggettivamente profuso professionalmente ed umanamente per molti anni, sino al punto di* *presenziare personalmente all'esecuzione di un pignoramento, presso altro Foro, una freddissima sera d'inverno, e soprattutto il giorno dopo il funerale del genitore di quell'Avvocato, e comunque senza ricevere quasi nessun compenso.*

- *Cliente* (di cui non se ne sarebbe voluto accettare l'incarico) *che nonostante l'esito più che positivo di vari giudizi civili e penali* (alcuni dei quali molto impegnativi poiché afferenti la possibilità di trasferimento della figlia minore in casa famiglia, ove era già stata condotta prima che intervenisse l'ultimo Avvocato), *malgrado la raggiunta transazione alla remissione di tutte le numerose e reciproche Querele sporte, negli anni, tra ex conviventi* (peraltro entrambe persone di elevata cultura), *inducendo il difensore di controparte* (all'epoca componente del C.N.F.) *ad accettare l'accordo, pur non volendolo, tale cliente, nonostante fosse così cessata ogni sua belligeranza legale pendente da anni* (sotto il ministero di atri difensore), *andava via dallo Studio senza chiedere all'Avvocato di corrispondere il saldo, per la complessiva attività svolta, ed ancor più gravemente rifiutandosi di onorare quanto di spettanza, in seguito a successiva richiesta dell'Avvocato, e tuttavia chiedendo anni dopo* – per il tramite della di lei genitrice, alla quale rilasciava procura notarile a rappresentarla – *di essere nuovamente assistita da quell'Avvocato, per più giudizi, i quali* – come i precedenti – *riportavano tutti esito positivo, ed in cui, peraltro, veniva conferito il mandato dalla di lei pregevolissima genitrice, anche per se stessa* (trattandosi di posizioni processualmente congiunte tra madre e figlia), *aspetto quest'ultimo che costituì la ragione preminente ad indurre quell'Avvocato ad accettare il mandato per tali successivi incarichi, oltre che per la presa d'atto della manifestata* – sia pur indirettamente – *riconoscenza dell'originaria cliente.*

- *Cliente che veniva assistita per molti lunghi anni, in vari giudizi civili e penali, i quali riportavano tutti esito favorevole* (uno dei quali anche con condanna per lite temeraria), *riuscendo peraltro anche a farle ottenere un nuovo contratto di locazione per un immobile in proprietà di un rigido*

Ordine ecclesiastico che non voleva saperne, ed in seguito all'avvenuto inoltro di due vibranti missive rivolte "persino" al Sommo Pontefice del cattolicesimo, e ciò malgrado la medesima cliente assumeva, anni dopo, una condotta a dir poco irrispettosa, verso quell'Avvocato, provocandone una inconsolabile amarezza, tanto più che tale assistita era una Musicista Professionista di altissimo livello, e quell'Avvocato, avendo studiato ed insegnato pianoforte, ben conosceva il non comune profilo spirituale a cui eleva (per lo più) *la musica, e che nonostante ciò vedeva, però, tristemente disatteso dalle condotte tenute, da quella cliente, a chiusura dell'intenso e pluriennale rapporto intercorso.*

- *Cliente per la quale si arriva persino ad effettuare prestazioni gratuite* (Esposto al Ministero della Difesa e Denuncia – Querela per omissione di atti propri dell'ufficio), *pur di giungere all'affermazione di un diritto, a fronte di gravissime condotte poste in essere da persona appartenente alle forze dell'ordine* (ciò affinché si affermasse anche una più estesa giustizia di risonanza sociale), *offrendosi persino di affrontare il viaggio ed il soggiorno in altro Foro, a proprie spese, e nonostante ciò ricevere inaspettatamente la revoca del mandato, senza alcun preavvertimento e senza spiegazione alcuna, malgrado si sia riportato l'esito più che positivo per ognuno dei numerosi giudizi* (civili e penali) *già patrocinati per quella stessa persona, quale condotta che lasciava oggettivamente presumere l'esistenza di un celato raggiunto accordo, con l'imputato, senza nulla dire all'Avvocato della persona offesa, e ciò nonostante la manifestata disponibilità di quell'Avvocato, e nonostante questi avesse ripetutamente ammonito, la propria cliente, a non sporgere denuncia per ogni accadimento, contro il coniuge della stessa, essendo necessario valutarne prima, tecnicamente, la rilevanza penale, oltre che lo smisurato numero anche ai fini del costo dei processi.*

- *Cliente* (di cui non se ne sarebbe voluto accettare l'incarico) *alla quale si son fatti conseguire pieni risultati, in più procedimenti civili e penali* (per la stessa e i di lei genitori)*, e ciò malgrado, dopo aver pacatamente e serenamente assicurato* *telefonicamente la sera prima, il proprio Avvocato, che l'indomani sarebbe stato corrisposto parte del compenso ancora dovuto, da contro, quello stesso Avvocato riceveva, l'indomani, una Pec* (essendo quella cliente una Professionista), *con cui si comunicava la revoca del mandato, senza addurre alcuna spiegazione, e con cui si chiedeva, incredibilmente, persino la restituzione di quanto pagato per il giudizio di appello di una separazione personale estremamente conflittuale, vertente tra due Professionisti con prole.*

- *Cliente* (per la quale si riassumeva il mandato dopo avervi precedentemente rinunciato in ordine ad altra vertenza) *che dopo aver conseguito la vittoria in una causa nella quale risultava occupante senza titolo di un grande immobile, da molti anni, in una via commerciale e ben servita di una grande città, peraltro senza aver sopportato esborsi per tale godimento, tranne gli oneri condominiali, nell'apprendere la notizia dal proprio Avvocato, e pur avendo consapevolezza da sempre dell'estrema problematicità della sua posizione difensiva, si limitava a replicare, puramente e semplicemente,*

con sconcertante freddezza: "e ora che succede?",
senza null'altro aggiungere.

- *Cliente* (il cui mandato veniva assunto con qualche perplessità) *per la quale, dopo aver svolto ogni attività possibile, in ambito civile e penale, improvvisamente e senza alcun preventivo avvertimento, dopo aver anche redatto e presentato più Esposti* (avverso la Polizia giudiziaria, un Pubblico Ministero ed il personale di cancelleria delle esecuzioni mobiliari civili, tutti a firma dell'Avvocato, ad eccezione di un esposto che veniva firmato anche dalla cliente), *inoltrava e-mail all'Avvocato con la quale affermava* – in sostanza – *di non necessitare più delle prestazioni di quell'Avvocato, sostenendo nel contempo che mai ne avrebbe dimenticato l'opera prestata, e che anzi nel tempo avrebbe contattato quell'Avvocato, per gratitudine e per salutare, senza che però ciò avvenisse mai, a conferma che quelle parole oltre ad essere crudamente insincere, erano anche palesemente interessate a voler saldare il compenso dovuto, a quell'Avvocato, nella misura più contenuta possibile. Tale revoca del mandato interveniva senza alcun preventivo segnale in tal senso, ma tutt'altro, quale evidenza del raggiunto accordo, con parte avversa, senza darne contezza al proprio Avvocato che, peraltro, subiva due incidenti con la propria auto, in giorni diversi, nel rientrare da udienze per quella cliente, presso altro Foro* (cosa mai accaduta in molti anni di Professione). *Deve precisarsi, per completezza, che tale cliente ebbe da ridire sull'eseguito pignoramento di tutte le numerose vetture* (anche di pregio), *in proprietà del padre del bambino, che non provvedeva al mantenimento del figlio da molti anni* (in cui si succedevano nel tempo più Avvocati), *sostenendo di non essere d'accordo* (pur non essendovi altri beni pignorabili), *e da contro si recava però con il proprio Avvocato, presso l'Ufficiale Giudiziario competente, per esortarlo fermamente e compassionevolmente a far tutto quanto necessario ad eseguire tale pignoramento, quale condotta che* – come di tutta evidenza – *non abbisogna di commento alcuno.*

- *Cliente che faceva pervenire all'Avvocato, tramite interposta persona, l'atto per un giudizio in cui doversi costituire anticipatamente, rispetto all'udienza* (come già noto alla cliente, tanto più che un figlio della stessa era prossimo a conseguire la laurea in giurisprudenza), *e tuttavia senza conferire formalmente l'incarico e tanto meno corrispondere alcun compenso in acconto, ed anzi esigendo, di lì a breve, di avere contezza delle possibilità di vittoria in quel giudizio, e quindi ricevere poi a studio la diretta interessata, per il conferimento del mandato e per l'acconto dovuto, tanto più a fronte di attività professionale già intrapresa, e ciò malgrado non ricevere nessun compenso, provvedendovi invece soltanto l'indomani, rilasciandosi assegno* (anche se l'Avvocato avrebbe voluto fornire il proprio Iban per effettuarsi un bonifico ed evitare l'incomodo di doversi ripresentare a Studio), *ma quel che più amareggia, senza precisarsi, il giorno prima e neppure dopo, di aver eventualmente dimenticato od esaurito gli assegni* (per il giorno prima), *ma soprattutto senza motivare in alcun modo la ragione per cui non si fosse provveduto all'adempimento il giorno prima* (anche perché doveva essere già risalente ad ancor prima), *e tanto meno porgere le proprie scuse per tutto ciò, quale condotta ancor più mortificante se si considera che quello stesso Avvocato già rappresentava quella stessa parte, in più giudizi, con esito positivo, e che peraltro ultimava tale ulteriore giudizio, sempre con esito positivo, non ricevendo nemmeno una telefonata per manifestare quanto meno la propria gratitudine* (essendo indiscutibile che non vi è mai certezza alcuna, nell'esito di nessun giudizio), *e tanto meno la richiesta volta ad apprendere se vi fosse un saldo da corrispondere* (tenuto anche conto dell'esito totalmente vittorioso del processo), *provvedendo a chiederlo soltanto molto tempo dopo, porgendosi però in un modo che sembrava volerlo eludere, il tutto a fronte di un nucleo familiare costituito da persone colte, e che comunque non lasciavano intravedere, all'Avvocato, la possibilità di tali condotte, ma anzi.*

- *Cliente che faceva sapere* – peraltro per interposta persona, in un primo momento – *di non ricordare di aver subito un tamponamento tra veicoli, di circa due mesi prima* (non anni), *che faceva perdere peraltro molto tempo in attività difensive anche complesse e comunque vane, atteso il "non ricordo", invece che la ferma negazione dell'accaduto, con definizione poi della questione in un incontro fermamente voluto dall'Avvocato –* dopo tre anni dalla redazione dell'ultimo atto difensivo, tanto più poiché doveva essere controfirmato dal cliente – *in cui questi faceva notare al proprio assistito di non aver creduto a quanto da lui riferito, non essendo verosimile che non ricordasse se vi era stato o meno un tamponamento di circa due mesi prima* (rispetto all'evento), *vale a dire confermandolo o smentendolo con fermezza* (anche perché altrimenti non aveva ragione d'essere l'intervento di un Avvocato). *A tutto ciò si aggiunga che tale assistito avrebbe ben potuto conferire l'incarico al proprio figlio –* con cui peraltro conviveva – *già Praticante Avvocato da anni, nonché persona di spiccata intelligenza e preparazione. In definitiva, nonostante il lavoro comunque svolto dall'Avvocato, peraltro senza alcun compenso* (avendovi il Professionista rinunciato di propria iniziativa), *non faceva poi seguito nemmeno un grazie, ad opera di quel cliente, tanto più a fronte della narrata menzogna, il vano lavoro svolto dall'Avvocato, ed in aggiunta il mancato compenso* (in ordine al quale non vi è stato inoltre, ad opera dell'assistito, nemmeno il tentavo di volerlo corrispondere).

- *Clienti che nonostante abbiano vinto in primo grado una causa, ottenendo anche la condanna alle spese legali e – a* dir poco incredibilmente *– persino la condanna per lite temeraria* (vittoria che non avrebbero potuto ottenere nemmeno nel mondo dell'immaginifico, a fronte dell'acquisto di una proprietà immobiliare in assenza di atto notarile e con un contratto preliminare smarrito dalla parte già da anni prima del giudizio, e comunque con godimento dell'immobile per ben diciassette anni), *avendo inevitabilmente poi perso in appello* (quale esito, in prospettiva, sempre appalesato ai clienti sin dal primo istante), *ciò nonostante quegli stessi assistiti tentavano una improponibile richiesta stragiudiziale di risarcimento danni nei confronti* *dell'Avvocato che li aveva rappresentati in primo e secondo grado, senza peraltro proporre ricorso per Cassazione a mezzo altro Avvocato, a conferma dell'assoluta certezza che nessuna legittimità poteva esservi ad azionarlo, essendo l'atto scritto* (vale a dire il contratto preliminare smarrito) *richiesto a pena di nullità per espressa ed inequivoca disposizione di legge.*

- *Cliente che, dopo aver concordato di redigere un Esposto disciplinare avverso un Giudice che aveva palesemente disatteso i più elementari doveri propri dell'Ufficio, nell'ambito di un processo civile* (vale a dire sostenendo in sentenza che non fossero stati depositati gli atti difensivi a conclusione del giudizio, e da contro regolarmente e tempestivamente trasmessi al fascicolo telematico, e quindi più che mai ineludibili), *quale atto che veniva sottoscritto dal cliente e dall'Avvocato, ciò malgrado veniva poi manifestato il disappunto, dell'assistito, a dover corrispondere il compenso al proprio Avvocato, per la stesura di tale atto, nonostante si trattasse – più che palesemente – di un atto distinto, improbabile e del tutto eventuale, in un processo, essendo qualcosa di abbastanza raro a verificarsi, e comunque atto certamente avulso dal processo per cui era stato rilasciato il mandato, trattandosi di vicenda assolutamente diversa, nonché rivolta ad Autorità distinta da quella del processo conclusosi, ed avente autonoma ritualità. Tale inspiegabile ed assolutamente inaspettata condotta, tanto più poiché trattavasi di cliente assistito da moltissimi anni, in varie controversie aventi tutte esito positivo* (tranne quella di cui ivi si narra)*, e che peraltro non aveva il costume di rifuggire dal dovere al compenso in favore del proprio Avvocato* (tanto che più e più volte, nel corso degli anni, si è sempre preoccupato di chiedere, al proprio Avvocato, se dovesse ulteriori spettanze, quali circostanze in cui molte volte, quell'Avvocato, ha invece declinato la richiesta, a fronte di pagamenti già effettuati)*, provocava un grandissimo turbamento, a quel Professionista, tenuto anche conto che per accrescere ancor più la misura dell'indignazione per le condotte tenute dal Giudice, quell'Avvocato sommava* (in un Esposto molto risentito e vibrante) *la propria firma a quella del proprio assistito, pur nella consapevolezza che tale tipologia di atti viene solitamente firmato dal solo cliente, trattandosi di attività a tutela dell'assistito e non certo dell'Avvocato* (tralasciandosi la considerazione che il cliente può anche rivolgersi ad altri Professionisti, per altri incarichi, ma quel Giudice, da contro, rimane come possibile assegnatario di altre cause patrocinate da quell'Avvocato che firma l'Esposto, e ciò tanto più per i piccoli Fori, come nel caso di specie). *Quell'Avvocato otteneva poi il compenso per la stesura di detto Esposto, ma doveva spendere parole impegnative e sofferte onde persuadere il cliente a provvedervi.*

- *Cliente che occulta scientemente e deliberatamente le proprie consistenze bancarie, al proprio Avvocato, nonostante questi l'avesse avvertita di dover sapere la verità a riguardo, nell'ambito di un giudizio di separazione personale di natura molto conflittuale, nonché tacendo il sopraggiunto maggior reddito percepito ufficialmente* (poiché di provenienza statale), *e ciò malgrado senza informare il proprio Avvocato che, non avendone contezza, chiedeva in udienza* (per la miglior tutela della propria assistita) *l'incremento del mantenimento a carico del marito, avendo da contro quest'ultimo pieno diritto a chiederne invece la revoca ma* – a conferma che tale cliente fosse ben consapevole che avrebbe dovuto lealmente informare il proprio Avvocato dell'esistenza di tale ulteriore reddito percepito – *improvvisamente, alla stessa udienza, dinanzi al Giudice, all'avversa difesa e la controparte, la cliente comunicava a bassa voce al proprio Avvocato di desistere dalla richiesta di incremento dell'assegno a carico del coniuge, avendo così avuto, in quell'istante, tutti diretta e chiara contezza che evidentemente quella cliente nascondeva qualcosa di essenziale, al processo ed al proprio Avvocato, tenuto conto che la lealtà non è richiesta soltanto al Professionista verso il proprio cliente, ma non da meno a quest'ultimo verso il proprio Avvocato, non foss'altro che per porre tutte le condizioni a far chiarezza nella vertenza, il tutto per la migliore e più ampia tutela dello stesso assistito.*

- *Cliente per la quale l'Avvocato ha scoperto esservi state gravissime condotte, di rilevanza anche penale, poste in essere da precedente Avvocato in ordine ad un pignoramento immobiliare che non poteva esistere, non essendo quella persona ed il di lei coniuge titolari di quel bene* (pur abitandolo da moltissimi anni)*, e che ciò malgrado subivano anche le avvenute pubblicazioni sui quotidiani* (all'epoca possibile)*, che riportavano i loro nominativi come debitori* (nell'ambito, peraltro, di una ristretta realtà provinciale, e quindi con maggior nocumento). *L'attuale Avvocato faceva quindi assoluta chiarezza, su tutto quanto occorso, e contestava formalmente l'addebito al precedente Avvocato, subendo da quest'ultimo anche la minaccia di azioni legali a danno dell'Avvocato subentrato –* a fronte peraltro di un'attività svolto da quest'ultimo gratuitamente – *e ciò nonostante essere destinatario, tale ultimo Avvocato, di giudizi a dir poco immeritevoli ad opera di tale assistita.*

- *Cliente* (socio di una cooperativa) *che nonostante la vittoria insperata ed assoluta, dopo lunghissimi anni di appassionato, sofferto ed impavido lavoro che ha comportato persino la personale esposizione dell'Avvocato* (a fronte di più illeciti consumatisi nell'arco del giudizio, sia in primo che in secondo grado), *oltre che il rischio per la salute dello stesso Professionista, per quanto occorso relativamente a due udienze* (una delle quali decisiva per l'esito della causa), *ciò malgrado, a fronte dell'incontenibile, sconfinata e struggente gioia manifestata dal Presidente della cooperativa, oltre che dell'espresso riconoscimento di altra socia, per effetto della piena vittoria definitivamente riportata* (la quale peraltro scongiurava la possibilità di ulteriore giudizio economicamente molto più gravoso, per tutti i soci), *ne seguiva l'inspiegabile assoluta freddezza ed ostentata indifferenza di uno dei tre soci* (manifestatosi sin dal primissimo impatto nell'incontro tenutosi, con i tre soci, per il pranzo volto a voler celebrare quell'evento), *quale condotta oggettivamente offensiva, precipuamente sotto il profilo umano, ancor prima che professionale, tanto più che quell'Avvocato ha più volte cercato di capire quale ne fosse la ragione, chiedendone esplicitamente, ripetutamente e con fermezza, a tale soggetto, la motivazione, ricevendo però in cambio risposte che avrebbero voluto* "ingannevolmente" *smentirne l'accaduto, poiché nei fatti* (per i toni usati e le parole non dette) *lo confermavano ancor più, permanendovi comunque l'assenza di alcuna plausibile e razionale ragione, tanto che l'Avvocato arrivava da ultimo a formalizzare il tutto con racc. a.r. inoltrata a quel socio, onde ufficializzarne l'evento nel tempo.*

- *Cliente* (peraltro congiunta collaterale) *che otteneva risultati a dir poco insperati, a fronte di condotte quantomeno discutibili* – se non di autentica corruzione in atti giudiziari – *ed a fronte della reiterata e fermissima volontà della stessa, espressa in corso di giudizio, a voler assolutamente abbandonare la causa* (e quindi tanto meno disposta a proporre appello in caso di effettivo rigetto della domanda), *riuscendosi da contro ad ottenere quasi il doppio di quanto proposto in via conciliativa dal Giudice, e ciò malgrado non appalesare alcuna tangibile riconoscenza sentita e sincera verso il proprio Avvocato, tenuto conto che quasi certamente si sarebbe avuto il rigetto della domanda giudiziale, a fronte delle più che discutibili condotte tenute nel processo dal Magistrato designato* (nonostante estrema e ripetuta esposizione personale dell'Avvocato che, per ciò stesso, sporgeva successivamente anche esposto disciplinare avverso il Magistrato), *senza possibilità peraltro di impugnazione* (atteso il manifestato rifiuto della cliente a proporlo), *o comunque, in caso di vittoria, la più che probabile impossibilità di recupero del credito vantato.*

- *Cliente divenuto tale* – dopo essere stato controparte soccombente – *che negli anni conferiva vari incarichi a quello stesso Avvocato già avverso, e dalle cui difese ne aveva poi tratto nel tempo sempre beneficio, ma ciò nonostante quel cliente raggiungeva* – per una vertenza – *un accordo con controparte, all'insaputa del proprio Avvocato che pur aveva intrapreso una vantaggiosa trattativa con l'avverso difensore, di cui il cliente era al corrente e solo da formalizzarsi* (evitandosi il giudizio di appello), *e tuttavia, malgrado l'indiscusso profitto che ne avrebbe conseguito il cliente, per la possibilità di accordo condotta dall'Avvocato, quell'assistito si accordava a proprio danno, con parte avversa* – senza informarne il proprio difensore – *essendogli stata promessa, da controparte, la possibilità di qualche incarico come artigiano. Dopo tale increscioso ed offensivo episodio, pochi anni dopo, quel cliente contattava nuovamente quello stesso Avvocato, per conferirgli un incarico di natura penale, nella veste di imputato, e l'Avvocato, che avrebbe voluto declinare la richiesta, attesa la precedente condotta decisamente scorrette di quel cliente, ciò nonostante, avendolo in precedenza vibratamente redarguito per l'accaduto, assumeva quindi il nuovo mandato e, concordata la misura dell'acconto iniziale, il cliente informava quindi l'Avvocato che l'indomani la di lui figlia avrebbe effettuato il bonifico ed avrebbe anche telefonato per essere tranquillizzata sulla posizione processuale del genitore, a fronte peraltro di un termine ridotto per approntare le difese, stante l'imminente udienza. La figlia l'indomani non chiamò, e nemmeno lo fece il cliente, nonostante l'Avvocato lo avesse espressamente e ripetutamente invitato a telefonare il giorno dopo. A tarda sera chiamò quindi l'Avvocato al cliente, e subito dopo telefonò la di lui figlia sostenendo che il pagamento poteva essere effettuato a fine processo. A quel punto l'Avvocato convocò immediatamente il proprio assistito, per il giorno seguente, e rinunciò al mandato professionale ricevuto.*

46) L'Avvocato, nell'esigere il dovuto compenso dal proprio cliente che cerca di sottrarsi ai propri obblighi, afferma per ciò stesso rispetto non solo verso se stesso, la propria individuale professionalità, la categoria Forense, e le libere Professioni tutte, ma non da ultimo anche verso tutti quei clienti che si onerano dell'obbligo di corrispondere le spettanze professionali al proprio Avvocato, affermando quindi, anche con ciò, un principio di necessaria giustizia ed equità anche verso questi ultimi.

47) Il momento della *"verità"*, e spesso anche dell'incommensurabile amarezza per l'Avvocato – *nel rapporto tra professionista e cliente* – è "paradossalmente" quello della *"vittoria"* nella controversia, quale frangente in cui si rivela appieno la

"natura più intima" del proprio assistito, non raramente caratterizzata da *"autentica indifferenza"* per il risultato ottenuto, e – *per le anime più aride –* anche da *"palese ingratitudine"* manifestata, incredibilmente, persino da *"ostentata insoddisfazione"* per l'esito riportato, ed ancor più – *per gli esseri più avidi ed immorali –* da *"sfrontato disappunto"*, e ciò – *ancor più meschinamente –* tanto più nei casi di vittoria assoluta, il tutto al solo, chiaro e miserevole fine di evitare che le esternazioni di riconoscenza e gratitudine possano indurre, l'Avvocato, ad avanzare richieste di maggior compenso, per l'esito riportato, tenuto conto che l'effettivo *"saldo"* degli onorari professionali deve *(onestamente)* intervenire solo e sempre a fine giudizio – *in caso di esito positivo* – trattandosi di aspetto legato, appunto, al risultato effettivamente ottenuto nella controversia, con la precisazione, peraltro, che il compenso non è solo e sempre riferibile alla *"mera patrimonialità"* del bene giuridico protetto.

48) Vi sono persone che si relazionano in una misura talmente disonesta, con il proprio Avvocato – *nonostante questi si sia speso lealmente, onestamente e*

proficuamente per il proprio assistito – che ci si interroga su cosa sarebbero capaci di fare, quegli stessi clienti, a rapporto invertito, vale a dire qualora fossero stati loro l'Avvocato che dispone di tutte quelle competenze ed abilità proprie della Professione Forense le quali, se non utilizzate correttamente e lealmente, potrebbero essere strumento di inganno e nocumento, non indifferente, per il prossimo.

49) A fronte di immani fatiche e, spesso, non indifferenti esposizioni anche personali dell'Avvocato, relativamente a non rare situazioni torbide, ci si chiede quali e quanti clienti, a parti invertite – *vale a dire nella veste di difensori dei propri Avvocati, e questi ultimi nel ruolo di loro clienti* – mostrerebbero pari impavido coraggio nell'esporsi in prima persona a difesa dei loro assistiti. Quasi certamente ben pochi, attesa la <u>*"viltà"*</u> largamente diffusa nel genere umano, tenuto anche conto che generalmente, la gran parte dei clienti, assume condotte servili ed ossequiose nel momento in cui necessita loro ottenere vantaggi dal proprio Avvocato e, da contro, dopo aver ottenuto quanto loro necessita, rifuggire persino dal riconoscimento di risultati a dir poco insperati.

50) Quel che più deve allarmare un Avvocato – *o per meglio dire seriamente preoccupare* – nel rapporto con il proprio assistito, non è tanto la non cultura generale o le limitate capacità intellettive dello stesso, bensì la misura della sua avidità, ingordigia e grettezza.

51) Vi sono clienti per i quali la conseguita vittoria, nella trattativa o nella causa, corrisponde alla logica per cui *"è andata bene perché non poteva andare male",* non rendendosi però conto, o meglio rifuggendo dal voler riconoscere quale sia l'incidenza dell'Avvocato scelto e delle sue difese.

52) Un Avvocato che si spende a dismisura a tutela del proprio assistito, sino a giungere alla vera e propria esposizione personale, difficilmente potrà essere gratificato adeguatamente dal proprio cliente, è ciò in primo luogo sotto il profilo eminentemente *"umano".*

53) Certo è che quanto più un Avvocato si rende, da un punto di vista umano, magnanimo verso il proprio assistito, tanto più questi rivela la sua più intima natura la quale consiste, quasi sempre, nell'ingeneroso approfittarsene.

54) Il principio di indipendenza, che deve imprescindibilmente animare la Professione Forense, non è inteso come autonomia, bensì come indipendenza intellettuale scaturente dalla intima consapevolezza della elevata funzione che la società delega all'Avvocatura, non potendosi tacere che uno dei fattori condizionanti l'indipendenza dell'Avvocato è dato dalla sua adeguata autonomia economica *(a cominciare dagli ingenti costi di gestione di uno studio)*, e che se questa manca od è fortemente scemata, ad esserne compromessa è, in primo luogo, la sua indipendenza e quindi la sua libertà, poiché un Avvocato senza indipendenza cessa di essere tale e non è più propriamente un autentico Professionista.

55) Non può assolutamente escludersi che non vi siano Avvocati che si relazionano disonestamente con i propri assistiti, ma nel contempo si può di certo affermare che i clienti sono – *non raramente, per non dire troppo spesso* – a dir poco scorretti nel loro rapportarsi con il proprio Avvocato, e ciò quantomeno sotto il profilo dell'onestà intellettuale: *e nella narrazione della verità, circa i fatti oggetto di causa; e nel denegato riconoscimento dei meriti professionali al proprio Avvocato, in particolare in caso di esito positivo della vertenza.* A riguardo il Sommo Maestro

Piero Calamandrei scrive: *"Le persone che vivon con la testa tra le nuvole si figurano che i clienti siano vittime degli Avvocati, e non viceversa"*.

56) L'aspetto più drammatico ed umanamente estremo, nella vita professionale di un Avvocato, è quello in cui un ex cliente arriva "incredibilmente" persino a minacciare di sporgere calunniosa Denuncia penale (o Querela), oppure Esposto disciplinare, contro il proprio Avvocato che intende rinunciare al mandato nell'assisterlo, al ricattatorio fine di indurre quel professionista a non dismettere l'incarico, o comunque a riassumerlo, e poi effettivamente sporgere Denuncia od Esposto non essendo riuscito nell'intento.

57) Molto spesso i clienti utilizzano ingannevolmente il proprio Avvocato contro l'altra parte e – *ad un certo punto della vertenza* – d'intesa con la parte avversa e forse la compiacenza del difensore di quest'ultimo, arrivano ad utilizzare ingannevolmente il proprio Avvocato per eludere la stessa legge che pur li tutela, od anche solo i compensi professionali ancora dovuti allo stesso, e ciò in ragione di *"biechi"* accordi non rivelati al professionista, di quella vertenza, più onesto e più integerrimo.

58) Alla gran parte dei clienti non interessa far proclamare ai Tribunali le ragioni di diritto nella propria vertenza, bensì il riconoscimento delle proprie motivazioni, e non raramente lo esigono *(i più avidi ed inetti)* anche quando sono mere pretese ingannevoli, avendo taciuto la verità al proprio Avvocato, e qualora non riescano in tale intento di certo la causa è da individuare – *per il loro miserevole metro di misura* – nell'incapacità del loro Avvocato, invece che nella loro grettezza, eludendosi in aggiunta, per tal via, anche il compenso ancora dovuto al Professionista.

59) Non raramente i clienti si avvalgono, strumentalmente, del proprio ignaro Avvocato per perseguire il riconoscimento delle loro ragioni, più che l'affermazione della "giustizia".

60) L'amarezza più profonda ed inconsolabile, per un Avvocato, è quella di risultare vittorioso in una causa in cui ha dovuto lottare – *sino allo stremo delle proprie forze ed anche sino alla personale esposizione* – con un Giudice *"disonesto"*, per poter far *"trionfare la giustizia"*, e tuttavia subire, ciò malgrado, l'ingratitudine palpabile – *se non ostentata* – del proprio assistito. La desolazione provata si fa però

totale ove l'assistito sia legato da un vincolo parentale *(tanto più se molto stretto)*, ed a dir poco insostenibile ove si tratti di un/una Collega, ma certamente "destabilizzante" ove questi ha potuto apprendere – *"l'Arte"* della Professione Forense – da quello stesso Avvocato, come suo *Dominus*, tanto più se l'insegnamento profuso è stato elargito con oggettiva *"generosità"* in ogni senso.

61) Un autentico ed *"inconsolabile"* dolore vive l'Avvocato che – *nonostante gli insegnamenti profusi ai propri allievi nell'apprendimento della Professione Forense, e tra questi il senso del dovere, per il cliente, ad adempiere la propria prestazione verso il proprio Avvocato, tanto più se questi vive unicamente di quella Professione* – subisca poi il *"meschino"* tentativo di speculazione, posto in essere ad opera di un'allieva che, in veste di parte e quindi di assistita *(dopo il concluso praticantato)*, si avvalga della professionalità del proprio maestro, cercando – *ingannevolmente e subdolamente* – di eludere il proprio dovere al compenso verso il proprio Avvocato, già suo *"Dominus"*, quale esperienza di vita *(oltre che professionale)* talmente devastante e frustrante da

indurre, quello stesso Avvocato, a non essere più maestro di nessun altro Praticante, rifuggendo così dalla passione di infondere l'"Amore" per la Professione Forense ad altri possibili meritevoli allievi. Per tale Avvocato – *che ha sempre annosamente selezionato Praticanti intellettualmente onesti –* è stata, e continua ad essere, un'autentica sofferenza, una disperazione che divora il cuore la constata consapevolezza di aver – *ingannevolmente –* contribuito ad immettere, nel mondo Forense, un personaggio che possa rappresentare cittadini ignari della non limpidezza di certi titolati, considerato che se si è giunti ad assumere una tale condotta in relazione ad una persona, Collega ed in aggiunta già *Dominus* di quella iscritta *(la quale da Praticante ha sempre percepito, da quell'Avvocato, un compenso che, peraltro, non è stato mai ridotto quando, per lungo tempo, ha avuto una limitatissima presenza nello Studio),* ci si interroga su quali comportamenti potranno porsi in essere in relazione a persone avulse dal mondo del diritto, e tanto più se culturalmente ed intellettualmente non elevate.

62) Una desolazione non meno profonda vive l'Avvocato che, nonostante i risultati indiscutibilmente positivi, conseguiti per ogni pratica seguita per il genitore di un proprio allievo *(allievo che peraltro aveva oggettivamente attinto, con proficuità, da quel Professionista, e da cui era peraltro decisamente stimato),* si trovi ciò malgrado al cospetto di una realtà a dir poco inverosimile: *attendere con ansia l'uscita da un convegno per guadagnare frettolosamente il proprio Studio e poter così "finalmente" apprendere l'esito* (certissimamente disponibile quel giorno) *di una importante causa del genitore del proprio allievo* (preferendo non telefonare nel timore di un eventuale esito negativo, al fine di non subirne in solitudine l'impatto), *e ciò malgrado essere ricevuta nel proprio Studio, dal proprio allievo, a testa china, con saluto freddo e distaccato, e soprattutto senza nulla riferire sull'esito della causa che pur gli era certamente già noto, quale comportamento che faceva chiaramente intendere, all'Avvocato, di aver "purtroppo" perduto quella causa, riportandone per ciò stesso un profondissimo senso di "prostrazione"* (tanto più per la colleganza rispetto all'allievo), *e tuttavia onerandosi dei gravosi adempimenti di ogni giorno nel proprio lavoro, come sempre, ma* – dopo il trascorrere di circa due ore – *quell'Avvocato decideva comunque di chiedere a quell'allievo* – sia pur con profondo senso di "sofferenza" – *quale fosse stato l'esito complessivo della causa, sperando quantomeno di aver ottenuto la compensazione alle spese legali, ma da contro l'Avvocato apprendeva, solo in quel momento, dal proprio allievo* (figlio della parte convenuta in quel giudizio, e che risultava essere cliente di quell'Avvocato già da prima del praticantato di quell'allievo), *e comunque solo in seguito ad espressa domanda dell'Avvocato, che la causa era stata invece vinta, informandone il proprio Dominus con indosso il medesimo identico atteggiamento, sconsolato e malinconico di prima* (nonché sempre a testa china), *in definitiva ponendosi come se si fosse trattato di una sconfitta o comunque di una parziale vittoria. La causa era stata invece vinta appieno, anche con condanna alle spese di lite. Sul momento l'Avvocato restava "impietrito" dalla condotta del proprio allievo e, qualche giorno dopo, faceva quindi notare di propria iniziativa a quell'allievo* – per doverosa chiarezza dei rapporti professionali e formativi, senza che l'allievo nulla replicasse, sia prima che poi – *che il compenso ricevuto per quella causa era di gran lunga inferiore a quanto previsto dalle c.d. "Tabelle" o "Parametri", quale strumento di calcolo degli onorari peraltro già ampiamente acquisito al bagaglio cognitivo di quell'allievo, aggiungendo, inoltre, che la vittoria era stata assoluta e che non era quindi comprensibile l'atteggiamento la lui assunto, tanto più poiché persona sinceramente stimata da quell'Avvocato, e che ciò nonostante si è continuato generosamente a stimare.*

63) Se un cliente arriva ad eludere il dovere, o meglio l'obbligo alla sua prestazione, vale a dire a non corrispondere il compenso dovuto al proprio Avvocato per l'assistenza ricevuta – *tanto più se proficuamente e tanto più se quell'Avvocato vive unicamente di quella Professione* – e ciò nonostante un Avvocato sia indiscutibilmente persona elevata, per cultura e capacità intellettiva, ci si chiede quale sia la misura dell'approfittarsi, di quelle stesse persone, a fronte di soggetti più deboli ed indifesi, quale considerazione, quest'ultima, che ancor più rafforza l'imperativo

obbligo giuridico, oltre che etico e morale, per l'Avvocato *(e per ogni Professionista),* ad esigere – *fermamente* – il proprio legittimo compenso, e ciò – *evidentemente* – anche a fini educativi e sociali.

64) La prestazione Professionale di un Avvocato – come di ogni altro libero Professionista – è un servizio che deve essere *"imperativamente"* retribuito da chi lo richiede e lo riceva, e ciò al pari di ogni servizio venga reso da chiunque a qualsiasi livello: non si può infatti pretendere di viaggiare a spese del vettore, così come non si possono nemmeno avere le prestazioni sanitarie senza i costi che – *nella migliore delle ipotesi –* sopportano tutti i cittadini che pagano le tasse *(e quindi tutt'altro che gratuite, essendo onere del nostro Stato riconoscerle e garantirle fattivamente),* fermo restando che un Avvocato non riceve sovvenzioni pubbliche, bensì contribuisce a generare ricchezza. Un servizio è, in senso più lato, un bene, ed ogni bene ha un suo imprescindibile costo. Avere l'ardire di recarsi da un Avvocato, godere della sua consulenza, oltre che dell'ospitalità dello Studio in cui si è ricevuti *(il quale già di per sé è un costo non indifferente),* ed andare poi via senza nulla corrispondere, e persino senza nemmeno avere la minima decenza di chiedere quale sia il compenso dovuto, non è soltanto illecito ed ancor prima immorale, ma è equiparabile all'entrare in un negozio, prendere quel che necessita o più aggrada, ed uscirne poi senza nulla pagare, quale condotta che – *come noto* – oltre ad essere eticamente deprecabile, è anche penalmente rilevante.

65) *"L'opera dell'intelletto"* non è un *"bene"* meno prezioso e meno suscettibile di rispetto e tutela, sociale e giuridica, in relazione ad un bene *"materiale"* per il quale, in caso di condotte predatorie, la legge arriva persino ad accordare la più incisiva tutela penale.

66) Come può – *"onestamente"* – non considerarsi e riconoscersi che, per arrivare a conseguire il titolo di Avvocato, ed ancor più per approdare all'effettivo esercizio della Professione Forense di cui poter vivere onestamente *(così come per le altre Professioni liberali)*, sono coinvolti costi non indifferenti, fatiche oggettive enormi, speranze radicali, attese più o meno sofferte, energie totalizzanti, rinunce anche gravose, fede nella cultura che rischia – *desolantemente* – persino di incrinarsi, a causa del mancato rispetto altrui, vale dire di persone che, anche ingannevolmente

e persino ostentatamente, approfittano – *con inumana indifferenza* – dei liberi Professionisti. Un negozio, per essere aperto al pubblico, sopporta il costo della merce che espone, ed ancor prima per il luogo e l'attività che ne consentono la vendita, e non vi è quindi alcuna *ratio* e legittimità – *e tanto meno etica e moralità* – nel ritenere che un Professionista – *in aggiunta a tutto quanto sovra esposto* –, che sopporta costi fissi e certi non indifferenti *(pur se non riceve compensi)*, per il solo fatto di essere iscritto ad un Albo ed avere necessariamente un ambiente *"dignitoso"* in cui dover ricevere i propri clienti, e che peraltro si onera dell'assunzione di immensa *"responsabilità"*, a fronte anche di un semplice sì o no, in esito ad un quesito posto in una consulenza, subisca – *nonostante tutto ciò* – la furtiva *"rapacità"* di certi personaggi inetti ed avidi, che mai dovrebbero entrare in contatto con liberi Professionisti, e tanto meno con quelli particolarmente onesti ed indefessi. È il cliente a bussare alla porta dello Studio di un Avvocato – *e non l'inverso* – ed a cercare conforto alle sue pene di ingiustizia, invocando di sanarne le ferite, e come tale non può "esigere" di riceverne assistenza senza nulla dare quale contropartita e risposta ad un principio di equilibrio ed equità, oltre che di necessaria giustizia, tenuto conto che l'opera richiesta – *sia pur fatta con il cuore* – costituisce il prodotto di una Professione, e quindi un lavoro di cui dover vivere, e viverne anche dignitosamente affinché quel Professionista non soggiaccia al ricatto del bisogno.

67) Non pochi Avvocati ed altri liberi Professionisti in genere – *unitamente a tanti, troppi giovani* – possono essere tristemente considerati i nuovi indigenti della società attuale *(non pochi sono, infatti, gli Avvocati ed altri liberi Professionisti che vivono pressoché in povertà)*.

68) Le persone devono essere *"educate all'onestà intellettuale"* di chiedere apertamente e preventivamente al Professionista, se intendono essere assistite gratuitamente, e non certo frapporre meschine e persino sfrontate condotte volte ad eludere il sacrosanto compenso dovuto a chi lavora, così come loro stessi *(o chi per loro)* percepiscono la retribuzione dal proprio lavoro, e se possibile i liberi Professionisti ne hanno ancor più diritto, tenuto conto che, in aggiunta, non usufruiscono dei c.d. "ammortizzatori

sociali", pur sopportando comunque costi, non indifferenti, anche in totale assenza di ogni utile.

69) Quasi certamente e quasi sempre, l'inaffidabilità morale ed etica del cliente, a rispettare la propria obbligazione verso l'Avvocato che lo assiste, è sinonimo di inaffidabilità del cliente anche in ordine ai fatti della sua vertenza, da lui narrati, essendovi quasi sempre una linearità di fondo *(sia pur deviata),* nell'essere immorali.

70) Non da meno, un Avvocato deve esigere i propri sacrosanti onorari per l'assistenza legale prestata a Colleghi e parenti di questi ultimi, rifuggendo da spettanze pseudo compensative, quali l'invito al godimento di una casa al mare, per un fine settimana, od a pranzo – *o cena* – tanto più che tale *"prodigalità"* si rivela essere quasi sempre solo meramente formale ed ingannevole, e ciò persino quando l'invito a desinare sia stato puntualmente concordato, per luogo e tempi, e poi disatteso all'ultimo istante – *dalla parte onerata* – provvedendovi peraltro con l'inoltro di un semplice messaggio telefonico, trasmesso poco prima dell'ora dell'incontro, senza neppure chiedere scusa, senza nemmeno salutare e tanto meno telefonare, neanche in

un secondo momento, e ciò semplicemente perché faceva più comodo ed era più opportuno – *per la parte onerata* – prendere l'aereo del pomeriggio, in luogo di quello della sera *(quale doveva essere)*, eludendo così – *di fatto* – quel pranzo concordato il giorno prima *(non mesi)* con la Collega, la quale aveva fra l'altro affrontato più impedimenti professionali – *e non solo* – per rendersi disponibile a quell'appuntamento *(tanto più poiché l'invito veniva comunicato soltanto il giorno il prima)*, quale condotta complessiva talmente avulsa dall'alveo della correttezza che non necessita di ulteriori commenti, ed inevitabilmente ancor più deprecabile poiché posta in essere da una Collega, verso altra Collega, la quale peraltro non ha percepito alcun compenso per l'attività professionale prestata.

71) La liquidazione del compenso professionale al proprio Avvocato, per l'attività difensiva o di consulenza da questi svolta, non ha il solo valore di corrispettivo per l'obbligazione assunta, bensì connota, ancor prima, la valenza della stima tangibile ed espressa, oltre che della gratificazione e riconoscenza, al Professionista, per l'impegno umano e tecnico da questi profuso in favore del proprio assistito.

72) Uno degli aspetti che non può non amareggiare, chi esercita la Professione Forense, è il constatare che persone che hanno potuto conoscerti da molti anni e che hai la certezza che ti stimino da sempre, ciò malgrado non ti indirizzano, negli anni, mai nessun possibile cliente, restando così "egoisticamente" indifferenti – *per non avere eventuali coinvolgimenti negativi* – rispetto a chi avrebbe bisogno di un Avvocato stimato *(e quindi presumibilmente valido),* nonché rispetto a quell'Avvocato nell'offrirgli una possibilità di incarico, tanto più se la Professione Forense ne costituisca l'unica fonte di sussistenza. Quelle stesse persone, però, improvvisamente, nel momento in cui necessita loro avvalersi della professionalità di quell'Avvocato che stimano, come d'incanto indirizzano – *a quello stesso Avvocato* – dei possibili clienti, quale aspetto che fa comprendere che con tale c.d. *"generosità"* confidano, in realtà, di essere esonerati o comunque agevolati nella corresponsione dei compensi professionali dovuti all'Avvocato, rivelando così appieno tutto l'egoismo di cui è portatore, in genere, l'essere umano, quale accadimento che si verifica anche quando un vecchio cliente, che non si è voluto più assistere o che abbia ingiustamente revocato il mandato in passato, cerchi poi di essere nuovamente rappresentato da quello stesso Avvocato.

73) Un cliente, intellettualmente onesto, appalesa incondizionata stima e rispetto, verso il proprio Avvocato, in particolare nel momento in cui riconosce che questi si è attivato – *ove così sia stato* – con tutta la possibile competenza, determinazione, onestà, forza e coraggio, pur non essendo risultato vincente nella sua causa, ed essergli ciò malgrado comunque grato per quanto gli è stato elargito professionalmente ed umanamente.

74) A dir poco rarissimo è per l'Avvocato imbattersi in clienti che, malgrado la sconfitta riportata nel giudizio o nella trattativa stragiudiziale, si preoccupino di chiedere – *al proprio Avvocato* – se debbano corrispondergli ulteriori compensi a saldo.

75) Può apparire inverosimile, ma è assolutamente reale la possibilità che un Avvocato riceva maggior rispetto, riconoscenza ed autentica gratificazione da una controparte divenuta poi cliente – *nonostante la pesante sconfitta infertagli* – che non da tanti clienti

che non hanno mai avuto, precedentemente, il ruolo di controparte e che hanno anzi ottenuto, attraverso quello stesso Avvocato, giustizia ed affermazione di dignità.

76) Quale intima, profonda e struggente commozione può provocare, ogni anno, ricevere da oltre venticinque anni la telefonata di una equilibrata ed umile persona, già cliente, che porge all'Avvocato i suoi puntuali, sentiti e sinceri "auguri" per le festività natalizie e pasquali, oltre che per la vita, e ciò nonostante già da circa quindici anni sia stata definita ogni sorta di pendenza giudiziaria e di spettanza economica dovuta al medesimo Avvocato, quale esternazione ed afflato dell'animo altamente "nobile", oltre che di assoluta sublimazione professionale ed umana per l'Avvocato destinatario.

77) È a dir poco gratificante, per un Avvocato, ricevere da una cliente, musicista di alta Professionalità, una tale dedica apposta su di un libro, offertogli in dono, che contempla le più belle arpe al mondo: *"29. I,V. 05 A M... R..., la quale sta alla lex, come queste inimitabili arpe stanno alla Musica. Come Lei, queste, sono veicolo prezioso, archetipo umano di completa compiuta bellezza ma, M... R..., in aggiunta, possiede*

il valore più inestimabile di tutti: - un "Cuore Bello", - che sa mare ogni cosa – con profonda stima e affetto".

I... M...

78) Quale commovente gratificazione può provare un Avvocato sulla cui spalla reclina il capo, inaspettatamente, una tenera adolescente, quale segno di gratitudine per averle evitato di essere nuovamente trasferita in una casa famiglia, sottratta all'amore di madre e nonna, quale episodio occorso anni prima *(con altro Avvocato),* allorquando, ancora infante, veniva prelevata a scuola da carabinieri in divisa e tradotta in casa famiglia *(al pari di un delinquente),* senza alcuna preventiva comunicazione alla madre ed alla nonna, malgrado l'elevato livello socio-culturale della famiglia materna, e ciò sol perché era quanto desiderava il padre della bambina, persona a dir poco discutibile.

79) Autentica commozione pervade l'Avvocato che riceve, da una bimba, un disegno realizzato da quest'ultima che rappresenta – *sia pur molto abbozzato, attesa la tenera età dell'autrice* – una scrivania, una lampada, un quadro, una tenda, una poltrona aderente alla scrivania, ed una persona seduta su quella poltrona dinanzi a quella scrivania che indossa una toga, e nel

mentre la bambina *(assistita da quell'Avvocato, unitamente alla di lei sorellina e la loro mamma)* realizzava quel disegno ammoniva la propria nonna a non disturbarla, *"perché stava disegnando la loro difensore"*, così come testualmente detto da quella bimba e poi riferito, dalla nonna, all'Avvocato.

80) Non minore struggente commozione provoca, ad un Avvocato, ricevere da una bambina un grande biglietto a doppia pagina, che reca sul frontespizio un piccolo cuoricino ritagliato con le forbicine, e ricavato da una carta a piccole righine verticali, di colore bianco e celeste, con sovrapposte piccole stelline, e poi incollato in detto spazio, con l'aggiunta laterale, a quel cuoricino, di due piccole ali disegnate da quella bimba *(assistita da quell'Avvocato, unitamente alla di lei sorellina e la loro mamma)*, quale biglietto al cui interno reca la seguente frase: *"1 giugno 2012 Cara avvocato, sono S..., la volevo ringraziare per i due libri, che mi ha regalato. Le prometto di studiare moltissimo, di prendere la laurea e di diventare un avvocato, bravo e intelligente proprio come lei. Spero di realizzare questo sogno che tanto tanto, desidero"*. Quella bimba, da quando si era recata per la prima

volta allo studio di quell'Avvocato ed averlo conosciuto, si poneva successivamente, nei confronti della mamma, della sorellina, della nonna, delle sue amichette e di chiunque altro, assumendo la veste ed i toni di chi impartisce il senso del dovere a rispettare le regole – *a quanto poi riferito all'Avvocato dalla mamma di quella bimba* – ed affermando che lei voleva diventare un Avvocato che difende altri bambini che soffrono per l'indifferenza e le manchevolezze del papà, ragion per cui, precedentemente al biglietto di cui sopra, l'Avvocato aveva fatto dono, alla bimba, di due vecchi codici apponendovi una dedica. Da quel momento, quella bimba aveva scritto un cartello, apposto sulla porta della sua stanza, in cui si leggeva *"Studio Legale"*, ed invitava poi la sorellina, quando si recava da lei nella sua stanza, a presentarsi ben vestita per poter essere ricevuta da un Avvocato.

81) Emozione pura ed intensa vive l'Avvocato – *a fronte della definizione di una causa di usucapione molto sofferta, avente come controparte un Ente ecclesiastico, in cui è accaduto di tutto, e che avrebbe potuto portare* (per i commessi abusi processuali) *alla reiezione della domanda di usucapire* – che riceve in

dono, da parte dei due anziani, umili e modesti coniugi che quell'Avvocato ha assistito in quella causa che proclamava il diritto di proprietà sull'immobile usucapito *(quale loro unico immobile)*, dei delicati ed eleganti soprammobili che quei coniugi custodivano gelosamente da sempre *(da quando li ebbero a loro volta in dono)*, ancora nella loro confezione originale, tenendoci molto ed essendo, per loro, le cose più belle e preziose di cui disponessero – *come oggetti* – e di cui ciò malgradi si privavano volentieri in favore di quell'Avvocato che tanto si era speso per loro *(anche con personale e non indifferente esposizione)*, affinché tale Professionista *"sentisse anche come propria una parte di quella casa che altrimenti non avrebbero avuto"* *(quale espressione da loro usata)*, e che tanto hanno anelato avere in proprietà, ed in cui hanno peraltro vissuto quasi la loro intera esistenza.

82) La vita professionale di un Avvocato è costellata da un senso di "sofferenza", più o meno intensa – *brevemente interrotta da sprazzi di gioia, spesso anche travolgente, ma quasi sempre in solitudine, rispetto ai propri clienti* – scandita da molteplici fattori: *il peso per l'angoscia del cliente in ragione del problema giuridico che lo*

tormenta; il cruccio per l'esatta ed efficace individuazione ed interpretazione delle norme più confacenti alla fattispecie; l'angustia per il regolare svolgimento del processo, in relazione a condotte scorrette, se non palesemente disoneste, di talune controparti, taluni Giudici e taluni suoi Ausiliari; l'inquietudine per la connaturale incertezza propria di ogni giudizio; il profondo dolore per l'ingratitudine e, non raramente, l'inettitudine di clienti indegni. Quella dell'Avvocato autentico è però una Professione pervasa anche da un substrato di connaturale *"beatitudine"*, per la consapevolezza di aver ricevuto il *"dono"* di potersi relazionare – *con la vita e verso il prossimo* – esplicando un Amore radicale ed incondizionato: *quello per la Professione che si esercita.*

83) L'Avvocato vive in prima persona la trepidante e fiduciosa attesa per l'esito di una causa, per poi arrivare alla comunicazione del suo esito e, prima del suo disvelarsi, in un interspazio temporale brevissimo – *vissuto come infinito* – e che provoca per un istante quasi l'arrestarsi delle pulsioni del cuore, finalmente la possibilità di approdare al pieno trasporto emozionale della *"gioia" (tanto più per le controversie più*

complesse, contrastate e sofferte) o, da contro, vivere una più o meno acuta amarezza, se non inconsolabile dolore.

84) Se ciascun individuo – *in ogni ambito ed ogni contesto della propria vita* – si sottoponesse alla *"fatica"* di **"far rispettare le regole"**, *"affermando per ciò stesso l'imprescindibile dignità della persona"*, ne deriverebbe, di certo, una società più giusta, poiché più equilibrata ed appagante, più serena, e quindi più vivibile, nonché, di riflesso, più proficua per lo sviluppo ed il benessere *(spiritale e non solo)* di ciascuno e della società nel suo insieme, atteso che – *in una società sempre più in declino* – la violazione dei diritti altrui produce sempre una inevitabile ricaduta in ambito sociale, e per ciò stesso, di riflesso, paradossalmente anche su colui che ha consumato l'illecito.

85) Ancor più di misura s'impone il rispetto delle regole, sotto ogni profilo, con riguardo a coloro che si relazionano, ogni giorno, con la sfera degli altrui diritti, quali sono gli operatori del diritto tutti *(nessuno escluso)*, a cominciare da coloro che ricoprono il ruolo – **non indifferente e spesso viatico ideale dell'illecito** *in ambito giudiziario* – di personale di Cancelleria, e comunque Ausiliari del Giudice *(ivi espressamente compresi gli Ufficiali Giudiziari).*

86) Vi sono decisioni giudiziali nelle quali il limite ed il sottile ed impercettibile confine che intercorre, tra prudente apprezzamento discrezionale e libero arbitrio, e – *per quest'ultimo* – tra lecito ed illecito, e – *per quest'ultimo ancora* – tra illecito penale ed illecito meramente civilistico è quasi impercettibile, e che comunque, nella migliore delle ipotesi, si configura essere quantomeno di natura civilistica, oltre che disciplinare.

87) Un inconsolabile dolore, anche a distanza di moltissimi anni, vive l'Avvocato il cui adorato congiunto strettissimo abbia affrontato una vicenda giudiziaria per la quale, se il Giudice di primo grado avesse fatto il proprio dovere, o meglio adempiuto ai veri e propri *"imperativi"* obblighi di Magistrato, peraltro nella veste di Giudice del Lavoro *(essendo assolutamente accecante che li abbia "sfrontatamente" disattesi, tanto che quell'Avvocato inoltrò anche Esposto disciplinare, a propria firma, avverso quel Giudice),* più che probabilmente si sarebbe fatto in tempo ad

ottenere il recupero quanto meno di una parte, se non l'intero, di quel credito di lavoro, prima che intervenissero tutti quei procedimenti e gradi successivi che, se pur favorevoli, hanno di fatto dissolto nel nulla ogni fatica, ogni speranza, ma – *ancor più intollerabilmente* – il sacrosanto diritto e nel contempo la dignità di una persona.

88) Un autentico Avvocato lo si misura anche dalla fermezza ed il coraggio *(quale affermazione della dignità professionale)* di arrivare, purtroppo, anche ad inoltrare Esposti disciplinari avverso Giudici inetti e corrotti, o che comunque disattendono lapalissianamente i propri doveri, oltre che dalla forza nelle parole ed i toni spesi nel redigere tali atti, e ciò sino al punto da indurre un allievo, di quell'Avvocato, a voler privare la carta intestata di studio del nominativo di quel Praticante, senza peraltro nulla comunicare al proprio *Dominus,* quale condotta che rivela ampiamente che mai, quell'allievo, avrebbe potuto vivere appieno la nobile Professione Forense, vale a dire anche con personale esposizione onde difendere ad oltranza i propri assistiti.

89) Quali e quanti inquietanti meccanismi oscuri possono concorrono nella assegnazione – *ed ancor più nella riassegnazione* – di cause all'uno od all'altro Magistrato?

90) L'atto di un Giudice che si lascia corrompere, al fine di invertire le ragioni di diritto in una causa da lui decisa, è così ***"smisuratamente aberrante"*** e ***"contro natura"*** che, in termini di possibile raffronto tra tutte le condotte umane note, può trovare il suo pari soltanto nell'uccisione di un figlio "infante" – *e quindi ancor più indifeso, quale azione di più acuta crudeltà* – ad opera di colei che lo ha generato, tenuto in grembo per tutta la gestazione, portato al mondo, e che inoltre vi ha convissuto sino al momento del consumato estremo delitto.

91) L'azione di un Giudice che piega ***"scientemente"*** le leggi, a proprio piacimento e profitto – *ledendo consapevolmente ed ingiustamente i diritti di colui per il quale è chiamato a pronunciarsi* – è equiparabile: *all'azione di un chirurgo che utilizza il bisturi per privare, volutamente, il paziente della propria vita, invece di preservarla; al negare deliberatamente i sacramenti, in punto di morte, ad un fervido credente.*

92) Chi può comprendere, sino in fondo, la sconfinata *"desolazione"* e l'inconsolabile *"solitudine"* che vive un Avvocato al cospetto di una percettibile ma impalpabile ingiustizia consumatasi – *a sua insaputa* – nello svolgimento e nell'esito di un processo da lui patrocinato?

93) Un Giudice che sbaglia nel decidere, invertendo le ragioni del diritto per l'una o per l'altra parte – *anche se in buona fede* – è responsabile non solo per la negata giustizia con riguardo a chi ne aveva diretto, ma non da meno per aver con ciò stesso legittimato l'ingiustizia in chi doveva invece soccombere, oltre ad aver nel contempo indebolito la funzione giudicante, il tutto con inevitabili e dannose ricadute sociali.

94) L'Avvocato, che vive il senso più nobile e profondo della Professione Forense, elargisce le proprie competenze con *"inesauribile passione"* *(il Calamandrei* scrisse, della Professione Forense: *"L'Avvocatura non ama i cuori freddi"),* e per ciò stesso con *"autentica generosità"* nel donarsi ai propri assistiti, e quindi con quella *"partecipazione umana"* che è, per definizione, il contrario dell'indifferenza e dell'egoismo.

95) Un autentico Avvocato dona con *"incondizionato trasporto"* la maestria della sua Professione ai giovani allievi che quella Professione vogliono apprendere, ed insiste caparbiamente nell'instillare loro – *"generosamente"* – persino i più reconditi segreti della Professione e le più originali intuizioni difensive, ed in tal senso si adopera anche quando quegli allievi siano immeritevoli o poco degni, onde infondergli più che mai l'intima essenza della funzione Forense.

96) Una *"sana coscienza civile"* impone il *"dovere del coraggio"*, quale requisito di cui non può certo difettare un autentico Avvocato. Altra dote non comune, del probo Professionista Forense, è però anche quella della *"generosità"* nel dedicarsi, o meglio letteralmente nel ***"donarsi"***, senza limiti di tempo, di spazio e di energie, nel cercare il sentiero, nell'impervio meandro di leggi e condotte umane, capaci di lenire la sofferenza del proprio assistito.

97) Un autentico Avvocato sa donare amorevolmente *(amore, infatti, è il piacere di compiere azioni che hanno un valore per chi le riceve)* e senza limiti "l'Arte" della Professione ai propri allievi, e ciò anche quando abbia la piena consapevolezza che

difficilmente, almeno alcuni di quegli stessi allievi, avrebbero avuto una pari generosità ed onestà intellettuale ove fossero stati loro a ricoprire il ruolo di maestri.

98) Un Avvocato che prepara i giovani alla Professione Forense deve saper portare i propri allievi ad aprirsi intimamente al piacere della conoscenza nella cultura giuridica – *e non solo* – poiché insegnare è, in primo luogo, veicolo di *"umanizzazione della vita"*, la quale si realizza animando il *"desiderio"* del sapere, vale a dire muovendo verso l'amore della conoscenza che genera quel *transfert*, inteso come *"desiderio del sapere"*, come *"innamoramento primario del sapere"*; non a caso, nella cultura greca antica, *"eros" è ciò che fa muovere verso qualcosa, un principio divino che spinge, quale desiderio, verso la bellezza*, e la cultura ed il sapere sono di certo autentica bellezza.

99) Il vero maestro è amato in quanto ama rendere il *"sapere"* un oggetto che causa il desiderio dell'allievo, perché accende *"l'amore che si indirizza al sapere"*, perché provoca la *"trasmissione dell'amore per il sapere"*, non potendo esservi sapere senza amore per il sapere. L'etimo del verbo insegnare è, infatti, *"lasciare*

un'impronta, un segno nell'allievo", nella consapevolezza che *"non c'è assimilazione soggettiva del sapere se non a partire dal desiderio di sapere"*, e che la parola non è mai solo parola, bensì forza che trasforma, plasma, genera la vita, sottolineandosi che l'insegnamento implica sempre la dimensione del ***"dono"***.

100)   La parola dell'insegnate si rivela degna di rispetto solo se è appassionata a ciò che insegna, senza tralasciarsi che non c'è un'istruzione senza effetti educativi, né un'educazione senza effetti di trasmissione dell'istruzione, non potendosi disgiungere l'istruzione dal processo educativo, cioè *"dall'umanizzazione della vita"*.

101)   L'Avvocato che prepara i giovani alla Professione Forense esercita su di loro un *"carisma"* che altro non è che il modo singolare con il quale un insegnate fa *"vibrare"* il sapere che trasmette ai suoi allievi, la *"forza enigmatica"* della sua conoscenza e del suo infonderla. Nell'insegnare egli offre, ai suoi allievi, il *"dono"* del linguaggio, ma nel contempo ricorda loro che la caratteristica di questo dono è che per avvalersene occorre metterci del proprio *(vale a*

dire quella soggettività, quell'unicum che è proprio di ogni singolo Avvocato), e non ultimo che non c'è acquisizione autentica e soggettiva del sapere senza uno sforzo di poesia, se la poesia è la pratica che rende assolutamente singolare l'universalità della lingua. In definitiva, la trasmissione del sapere, priva del desiderio, invece di alimentare la ricerca e la brama di conoscenza, la spegne, poiché senza amore per il sapere *– senza erotica dell'insegnamento –* non c'è sapere capace di essere in rapporto con la vita.

102)   L'intima e profonda emozione che pervade un Avvocato *– per la consapevolezza di aver persuaso un'allieva di spiccata intelligenza, sensibilità ed onestà intellettuale ad apprendere la Professione Forense ed a conseguirne anche il titolo, malgrado questi non fosse del tutto convinta di voler svolgere quella Professione, bensì in tutt'altro settore e con diverso titolo di laurea –* è un qualcosa che possono comprendere solo coloro che sono animati dal non comune privilegio di saper *"donare"* incondizionatamente. Non minore struggente commozione provoca vedere nel tempo ex allievi, a cui si è amorevolmente ed incondizionatamente *"donato"* l'Arte della Professione, portare poi al mondo

tenerissimi pargoletti da proteggere e difendere con ancor maggiore consapevolezza, anche in ragione di quegli insegnamenti ricevuti nella loro fase di formazione Forense, ed a cui idealmente si somma la protezione di chi quell'insegnamento ha loro profuso. Autentica gioia vive un Avvocato per l'avvenuta assunzione, in un importante Ente Pubblico e con incarico di prestigio, di uno stimato allievo che trepidava nell'attesa di una consona collocazione lavorativa *(che è poi inevitabilmente anche di vita)*, pur avendo conseguito il titolo di Avvocato che, di fatto, non gli garantiva un sereno futuro *(anche per attitudini caratteriali)*, pur se quell'Avvocato è comunque fiducioso che quell'allievo, in ragione delle conoscenze acquisite in una intensa esperienza di Praticantato Forense, possa per il futuro, se crede, approdare all'Avvocatura interna a quello stesso Ente di cui è dipendente, nella consapevolezza in ogni caso che, quanto dallo stesso appreso come allievo, costituisce un'eredità imprescindibile, e ciò anche per le spiccate doti di intelligenza e preparazione di quello stimato allievo.

103) Non può obiettivamente disconoscersi che la

Professione Forense sia *"un'Arte"*, il risultato di un'abile e sapiente "alchimia" di molteplici fattori, quali: *affinata educazione; capacità di ascolto* (ascoltare sempre, tutto e tutti, a cominciare dalla capacità di saper ascoltare persino il silenzio, le vibrazione dell'impercettibile); *capacità di profonda analisi e di acuta sintesi, ma anche di oculato spirito di osservazione; capacità di meticolosa ermeneutica; capacità di selezione, organizzazione e dosaggio delle parole; capacità di dosare ritmo, tono e timbro* (all'occorrenza sostenuto e vibrante, ma mai tuonante come era costume del passato); *capacità di dosare l'enfasi delle emozioni; capacità di dosare le pause, i silenzi, la gestualità, il portamento, la postura; capacità di porsi con educata fermezza e sicurezza mai ostentata* (rifuggendo da alterigia, arroganza, e supponenza); *capacità di essere cortesi, verso le parti, e sferzanti se necessario* (ma rarissimamente sarcastici); *capacità di essere rispettosi verso il Giudice* (ma esenti da atteggiamenti sudditanti), *nonché vigorosi all'occorrenza; capacità di rapido adeguamento a condizioni oggettive e soggettive mutevoli; capacità di attenta analisi psicologica, con l'ausilio di acuta sensibilità; tenace determinazione; illuminata lungimiranza; spiccate doti intuitive; equilibrata creatività; salda forza e fiero coraggio; autentica generosità; non indifferente capacità persuasiva. Il tutto nella consapevolezza di essere pari, al Giudice, per dignità e funzioni* (sia pure nella diversità dei ruoli), *e non ultimo per preparazione* (non tralasciando che la sicurezza trova la sua espressione anche nell'essere sempre cortesi e non aggressivi, pur avendo coscienza che sicurezza non è sinonimo di certezza, sicché si mostra sicurezza anche quando si riconosce un errore o la correttezza di una tesi difensiva avversa).

104)   Certamente molte sono le capacità ed abilità richieste all'Avvocato nell'esercizio della sua Professione, ma altrettanto certamente, tra queste, non possono essere di second'ordine quelle che attengono alla sfera del **_"coraggio"_** e della **_"forza"_**, nei suoi molteplici profili *(il Calamandrei afferma – riferito alla professione dei Giuristi –* **"... Non è una professione comoda; ... non è un rifugio per i vili"**):

- *il coraggio e la forza di esporsi al rischio dell'insuccesso;*

- *il coraggio e la forza di vivere di incertezze, e per risultati professionali e per fonte della propria sussistenza;*

- *il coraggio e la forza di sopportare una sconfitta, malgrado l'evidenza del diritto la sconfessi;*

- *il coraggio e la forza di subire l'ingiustizia malgrado ci si sia spesi, per sconfiggerla, sino allo stremo e sino alla personale esposizione;*

- *il coraggio e la forza di affrontare e contrastare le nefandezze di alcuni Giudici, e loro Ausiliari, che ne disattendono e mortificano la funzione;*

- *il coraggio e la forza di portarsi indosso e nelle pieghe dell'animo l'inguaribile desolazione per l'inettitudine di certi assistiti;*

- *il coraggio e la forza di essere destinatari di sfrontata ingratitudine e persino ostentata speculazione ad opera di alcuni allievi a dir poco sleali, nonostante quanto profuso loro.*

105)   Una sottile amarezza pervade l'Avvocato che registra l'assoluto distacco, l'indifferenza, la totale mancanza di trasporto emozionale, l'assenza di ogni possibile esternazione di gioia, o comunque soddisfazione umana, del proprio allievo, per l'esito positivo riportato per le tante delle diverse causa patrocinate – *e non raramente anche particolarmente sofferte* – quale stato dell'animo che evidentemente contrasta con il senso più intimo e profondo della Professione Forense: *vale a dire donare incondizionatamente e gioire nell'atto di donare, con pio spirito (Piero Calamandrei scriveva – della Professione di Avvocato, oltre che di medico – "essere, più che Professioni libere, Professioni di carità").*

106) L'Avvocato è senz'altro pari al Giudice, per dignità e funzioni *(sia pure nella diversità dei ruoli)*, e non ultimo per preparazione *(se non a volte anche più)*, richiamandosi a riguardo quanto espresso dal Maestro Piero Calamandrei: ***"Se nelle sentenze si pregiasse sopra tutto il bello scrivere (invece che la giustezza), il merito più vero di questa letteratura dovrebbe attribuirsi agli Avvocati, dalle cui scritture possono i Giudici attingere a piene mani le "gemme" stilistiche, per incastonarle senza fatica nelle motivazioni delle loro sentenze"***; ed ancora: ***"Spetta all'Avvocato, ... essere l'organo propulsore del processo: prendere tutte le iniziative, agitare tutti i dubbi, rompere tutti gli*** *indugi: agire, insomma, non solo in senso processuale, ma nel senso umano".*

CONCLUSIONI

- *CONSIDERATO* il peso dell'altrui sofferenza *(quella del proprio assistito)*, di cui un *"autentico"* Avvocato si onera nell'esercizio della sua nobile Professione;

- *CONSIDERATO* che il *rapporto difensore – cliente* può essere *(non raramente)* la fatica più estenuante e surreale, oltre che grande sforzo di intelligenza, per l'Avvocato, nonché fonte, spesso, di inconsolabile amarezza *(e ciò in misura direttamente proporzionale alla stima avuta per il proprio assistito)*, e non ultimo prova di grande tenuta per l'equilibrio *psico – fisico* dell'Avvocato;

- *CONSIDERATE* le non rare *"meschinità"* e *"grettezze"* di taluni dei molteplici personaggi che affollano il percorso professionale di un Avvocato, ed *in primis* riconducibili, non raramente, proprio agli stessi clienti, *malgrado li si difenda sino allo stremo e sino alla non rara esposizione personale;*

- *CONSIDERATO* che l'esercizio della professione forense – *in particolare in alcune vertenze* – è la risultante di una *delicatissima e complessa ALCHIMIA di molteplici componenti,* alcuni dei quali, peraltro, *di natura assolutamente imponderabile;*

102

- *CONSIDERATO* l'incessante dilagare della produzione legislativa e giurisprudenziale, *la quale talvolta può anche mutare, in corso di causa, i destini di un processo* (fermo restando che il difensore non può comunque avere contezza di quale orientamento giurisprudenziale potrà condividere il Giudicante assegnato, *attesa la natura indirizzante e non vincolante della giurisprudenza);*

- *CONSIDERATO* che, peraltro, *la uniformità della giurisprudenza può servire, talvolta, a giustificare le più spietate ingiustizie;*

- *CONSIDERATO* che *il codice non può regolare i procedimenti psicologici che si svolgono nel segreto delle coscienze*, e ciò – evidentemente – *in primis relativamente al Giudicante;*

- *CONSIDERATO* che *"sentenza deriva da sentire"* (e quindi dalla capacità del sentire – *come sensibilità dell'animo* – di colui che redige la sentenza, rendendola così diritto vivente);

- *CONSIDERATA* la *socratica consapevolezza "che quei che convince non necessariamente coincide con ciò che e giusto';*

- *CONSIDERATO*, sempre citando Socrate, '*che i Tribunali sono il luogo della persuasione";*

- *CONSIDERATO* il *pensiero di Cicerone per il quale 'il processo è luogo in cui si celebra non la verità ma quei che appare tale";*

103

- *CONSIDERATO*, sotto il profilo formale, *"la liturgica sacralità del processo" (e ciò tanto più nell'ambito del giudizio penale)*, per la ritualità e solennità che lo accompagna,

PUÒ RITENERSI

Che il risultato dell'attività difensiva, posta in essere da un Avvocato in favore del proprio assistito, possa essere considerato *un evento volto a carpire "l'intercessione" degli Dei che racchiude in sé del "miracoloso"*, poiché ciascun autentico Avvocato ha ben chiara la consapevolezza che *l'unica certezza – che può desumersi da un processo – è che non vi sono certezze nel suo esito ed ancor prima nel suo esplicarsi*, e di qui la potenziale, intrinseca *"difficoltà"*, *"complessità" e "delicatezza"* nel relazionarsi dell'Avvocato con la *"pseudo divinità"* del Giudicante, *tanto più nei Paesi caratterizzati da scarso livello di civiltà giuridica e di democrazia, ed è proprio in ragione di tali molteplici e complesse dinamiche, proprie del processo, che la più grande misura di "umana" comprensione possibile* – tra tutte le parti del processo – *dovrebbe sempre accompagnare* (più di ogni altra) *proprio chi è chiamato a Giudicare, ed in primis con riguardo a colui che è posto nel mezzo* – vale a dire l'Avvocato – *quale "nobile paladino" e "certo primo destinatario" di ogni possibile impatto del giudicato,* non tralasciandosi che *"spesso difendere è più difficile che giudicare",* anche per le maggiori implicazioni emotive che, la Professione Forense, comporta rispetto al proprio assistito.

Magistrati ed Avvocati non sono l'espressione della contrapposizione tra interesse pubblico ed interesse privato, bensì *"momenti distinti dell'unitaria funzione del rendere giustizia".* A tal fine essi vi contribuiscono da posizioni e con ruoli che non devono essere confusi ma che sono inseparabili, poiché è **la difesa – *con il suo contraddittorio* – a dare "legittimazione" ai provvedimenti emessi dai Giudici**, quale funzione di controllo che l'Avvocato esercita – *con dignità, decoro e probità* – e che contribuisce a rendere socialmente accettabile il risultato del processo, *in primis* agli occhi del proprio assistito, oltre che della collettività tutta.

www.ingramcontent.com/pod-product-compliance
Lightning Source LLC
Chambersburg PA
CBHW061146180526
45170CB00002B/641